AF325852

NOTES

SUR LA VIE DE LA

TRÈS RÉVÉRENDE MÈRE

MARIE DU CŒUR DE JÉSUS

Supérieure Générale

FONDATRICE DES SERVANTES DU CŒUR DE JÉSUS

> Ego autem, sicut oliva fructifera in domo
> Dei, speravi in misericordia Dei in æternum.
> (Psaume 51, vers. 8.)

SOCIÉTÉ St-AUGUSTIN, DESCLÉE, DE BROUWER & Cie
LILLE — PARIS — BRUGES

TRÈS RÉVÉRENDE MÈRE

MARIE DU CŒUR DE JÉSUS

RÉVÉRENDE MÈRE MARIE DU CŒUR DE JÉSUS

(Marie-Rosalie-Oliva Uhlrich)

FONDATRICE ET PREMIÈRE SUPÉRIEURE GÉNÉRALE

DES SERVANTES DU CŒUR DE JÉSUS.

NOTES

SUR LA VIE DE LA

TRÈS RÉVÉRENDE MÈRE

MARIE DU CŒUR DE JÉSUS

Supérieure Générale, Fondatrice

DES SERVANTES DU CŒUR DE JÉSUS

Ego autem, sicut oliva fructifera in domo
Dei, speravi in misericordia Dei in æternum.
(Psaume 51, vers. 8.)

SOCIÉTÉ St-AUGUSTIN, DESCLÉE, DE BROUWER & Cie
LILLE — PARIS — BRUGES

IMPRIMATUR :

Metis, 15 novembris 1926.

† JOANNES-BAPTISTA,
Episc. Meten.

IMPRIMATUR :

Insulis, 16 Martii 1928.

G. DELBROUCQ,
v. g.

PRÉFACE

Le 17 mars 1917, mourait en exil à Soignies
(Hainaut), dans le couvent de la Providence, la
Très Révérende Mère Marie du Cœur de Jésus,
Supérieure Générale et Fondatrice des Servantes
du Cœur de Jésus, arrachée à son cloître à l'âge de
quatre-vingts ans et évacuée avec toute sa communauté de Saint-Quentin aux tristes jours de l'exode !

Les épreuves ne lui ont pas manqué. Mais elle
les regardait comme la pierre de touche de l'œuvre
qu'elle avait fondée. Parmi celles qui ont été ses
filles, bon nombre sont déjà allées recevoir la
couronne d'immortalité promise aux vierges fidèles,
beaucoup dans la fleur de la jeunesse, les autres
après s'être sanctifiées dans les voies tracées par
la vénérable Fondatrice. C'est le meilleur témoignage de la vitalité d'une Congrégation dont la
règle est d'attendre tout de Dieu, en se développant
dans le silence et l'oubli du monde. Les Religieuses
qui en font partie se dévouent entièrement au Cœur
de Jésus, ne cherchent qu'à vivre en Lui, à se
rendre conformes à ce divin Modèle, à faire de
leur vie entière un grand acte d'immolation, en
un mot à devenir d'humbles victimes d'amour,

dignes de lui être présentées au jour des Noces de l'Agneau.

On lira dans les *Notes sur la vie de la Très Révérende Mère Marie du Cœur de Jésus, Supérieure Générale, Fondatrice des Servantes du Cœur de Jésus*, tout ce qu'elle a fait pour sa Congrégation, tout ce qu'elle a souffert pour elle. A l'instigation des Religieuses qui lui survivent, une compagne de la Mère Fondatrice, recueillant ses souvenirs, veut bien nous en faire part. Le portrait, qu'avec une touchante émotion, elle a tracé de la Chère Mère sera inoubliable pour ses filles. Elles aimeront à marcher sur les traces de leur Mère Fondatrice et à se rappeler chacune ce que disait Notre-Seigneur à sainte Marguerite-Marie : « Je cherche une victime qui veuille se sacrifier à mes desseins. »

N. HAMANT,

Chan. hon.

Supérieur du Petit-Séminaire

Saint-Louis-de-Gonzague

à Montigny-lès-Metz.

VILLÉ (Bas-Rhin).

CHAPITRE I

LA FAMILLE — L'ENFANCE.

Le 25 mars 1837, naquit à Villé (Basse-Alsace) celle qui devait, dans les desseins divins, devenir plus tard la Fondatrice des religieuses Servantes du Cœur de Jésus. Son père, Félix Uhlrich, avait une situation honorable dans la ville et sa pieuse mère, Madeleine Meyer, s'occupait avec un soin particulier, de ses cinq enfants.

L'aînée (notre Révérende Mère Fondatrice), se nommait Marie-Rosalie-Oliva.

Le second, Alphonse, naquit en 1841, à Villé.

La troisième, Marie-Madeleine, qu'on appelait dans la Congrégation, tante Marie, naquit en 1842.

Le quatrième, Jacques-Félix-Édouard, naquit en 1854.

Et la cinquième, Madeleine, surnommée Léna, qui fut Sœur Marie de Jésus, naquit en 1856.

Les trois derniers naquirent à Barr, qui, comme Villé, appartient à l'arrondissement de Sélestat (Basse-Alsace).

L'un des garçons, Édouard, mourut en bas âge. A douze ans, il fit sa première Communion sur son lit. Ce fut son viatique suprême ; il s'envola ensuite vers la bienheureuse patrie. Préparé par les soins de sa pieuse mère, il ne pouvait mourir que de la mort des prédestinés.

L'aîné des garçons, Alphonse, parcourut une plus longue

carrière. Il épousa, à Strasbourg, une jeune personne qui lui donna une petite fille, qui naquit quelques mois après la mort de son père. Celui-ci mourut âgé de trente ans.

Madame Vve Uhlrich, mère de notre Fondatrice, avec sa belle-fille, la veuve de son fils Alphonse, et la petite Marie sa fille, allèrent demeurer chez Madame Scherrer à Bollviller.

Cette excellente Madame Scherrer était l'amie de notre Mère Fondatrice. Elle avait un culte pour l'œuvre du Cœur de Jésus qui se dessinait seulement alors à Strasbourg. Elle lui en donna une preuve non équivoque, en confiant à notre Chère Mère l'éducation de ses deux enfants qu'elle lui recommanda en mourant. Le jeune homme fut élevé par les soins de M. le Chanoine Dehon et la jeune fille fut placée à la Croix de Saint-Quentin, avec la propre nièce de notre Chère Mère, fille de feu son frère Alphonse. Les vacances réunissaient les deux jeunes filles au couvent de la rue de Paris, où elles partageaient jeux, promenades, voyages dans la société de plusieurs familles aristocratiques de la ville, qui, par vénération pour notre Chère Mère, se faisaient un plaisir de multiplier les invitations.

La belle-sœur de notre Chère Mère, veuve de son frère Alphonse, avait demandé son admission dans la Congrégation, en retour d'une guérison réputée miraculeuse, obtenue par l'intercession de saint Joseph, alors que, dans une dangereuse maladie, elle était condamnée par les médecins. Elle accomplit fidèlement la promesse de se retirer du monde et de se consacrer à Dieu et vint se ranger sous la direction de notre Chère Mère. Sous le nom de Sœur Marie-Oliva du Cœur de Jésus, elle se dévoua dans les œuvres de la Congrégation, particulièrement à l'Institution Saint-Jean, où elle a laissé un excellent souvenir, par les soins intelligents et dévoués qu'elle prodigua aux plus petits pensionnaires de l'établissement pendant nombre d'années. Elle y termina pieusement sa vie, le 15 mars 1890.

La sœur puinée de notre Chère Mère parcourut comme elle une assez longue carrière. Mademoiselle Marie Uhlrich fit l'éducation de trois nobles jeunes filles, trois comtesses, à qui elle servit de mère et qui l'entourèrent de la plus tendre affection jusque dans sa vieillesse, ne voulant à aucun prix s'en séparer. Leur père, étant ambassadeur d'Autriche à Rome, se trouvait en relations obligées avec le Souverain-Pontife. Un jour, ayant dû présenter ses jeunes filles à Léon XIII, elles furent reçues en audience par l'auguste Pontife, qui fut charmé de la belle éducation et de la solide piété des jeunes comtesses et en félicita chaleureusement Mademoiselle Marie Uhlrich qui les accompagnait et à qui elles se reconnaissaient redevables de si précieux éloges.

Mademoiselle Marie Uhlrich fut toujours d'une piété angélique. Elle admirait la vocation de sa sœur aînée qu'elle aida dans bien des traverses.

Madeleine (Léna), la jeune sœur de notre Chère Mère, et sans nul doute la préférée de son cœur, entra, elle aussi, dans la Congrégation, en mars 1877. Sa biographie a déjà été publiée, on peut la lire tout au long. Elle vécut une vie de pur amour, s'offrit en victime pour l'œuvre des Prêtres du Cœur de Jésus, surtout pour le Révérend Père Dehon, Fondateur et Supérieur Général, qui était alors gravement malade et qui vécut jusqu'à l'âge de quatre-vingt-deux ans. Il semble vraiment que le Cœur de Jésus ait accepté l'échange, car notre chère Sœur Marie de Jésus avait une brillante santé et l'avenir semblait lui appartenir, mais elle nous fut inopinément ravie, à l'âge de vingt-cinq ans [1] !

On ne sait ce qu'on doit le plus admirer en cet acte héroïque, ou la générosité de notre Chère Mère ou l'héroïsme de la jeune Sœur Marie de Jésus, car, si le sacrifice fut sollicité par la Sœur, il fut consenti par notre Chère Mère, malgré sa particulière tendresse pour sa jeune sœur. Elle ne se trahit qu'à la mort prématurée de cette âme choisie !

Notre future Chère Mère reçut au baptême les prénoms de Marie-Rosalie-Oliva. Elle les aimait beaucoup et se plaisait à raconter à sa famille religieuse la vie et les vertus pratiques de ses trois chères Patronnes.

Sa délicatesse enfantine ne faisait guère prévoir la corpulence dont elle fut affligée plus tard, et qui ajoutait aux grandes fatigues qu'elle supporta pour l'extension de sa Congrégation, surtout à chaque fondation nouvelle.

Elle était mignonne à ce point que pour la conserver, on dut, par ordonnance du médecin, la baigner chaque jour dans du vin. A force de soins minutieux et attentifs, multipliés par une mère intelligente et tendre, soins bénis par la divine Providence qui avait ses desseins sur cette chétive créature, elle finit par obtenir un tempérament sinon robuste, du moins à la hauteur des futures obligations que devait lui créer son zèle pour l'extension de son Œuvre. Elle atteignit un âge avancé comme on le verra plus tard.

Une pieuse tante, sœur de son père, aidait sa mère dans les soins du ménage et, partageant l'autorité maternelle sur la petite famille, elle exerçait sur l'éducation d'Oliva la plus précieuse influence.

1. Cette biographie a pour titre : *Une victime d'amour au Sacré-Cœur de Jésus, Sœur Marie de Jésus, de l'Institut des Servantes du Cœur de Jésus de Saint-Quentin, 1856-1879, d'après ses notes et ses lettres.* (Imp. Desclée, De Brouwer et Cie, Lille-Paris-Bruges.)

Quand tante Thérèse (c'était son nom) se rendait à l'église de Barr, où l'enfant fut élevée, elle prenait très volontiers la petite Oliva avec elle. L'enfant restait immobile tant que la pieuse tante faisait ses dévotions et quand celle-ci se disposait à partir, Oliva, après l'avoir suppliée du regard, employait toutes les industries pour gagner encore quelques minutes. « Mais enfin, Oliva, il est temps de partir », insistait la bonne tante.... Chère Mère, si petite fût-elle, n'avait jamais assez prié à son gré et dès que ses petits pieds pouvaient la soutenir, elle volait à l'église et y passait de longues heures à lire nombre de prières, qu'elle avait choisies et préparées d'avance, avec le soin minutieux qu'elle apportait à chaque chose et qu'elle conserva toute sa vie.

Alors qu'on pensait qu'elle avait enfin terminé, et que son cœur, insatiable de se communiquer au Bien-Aimé, devait être satisfait, on la voyait contempler les statues et les invoquer plus ou moins longtemps, selon que les saints qu'elles représentaient, avaient ses préférences. Elle admirait surtout l'illustre saint Martin, de l'épée partageant sa chlamyde, à la porte d'Amiens, pour en donner la moitié à un pauvre en guenilles. Cet acte généreux l'avait frappée, elle dont la charité était proverbiale et dont la libéralité alla croissant jusqu'à la fin de sa vie.

Ensuite, elle parlait longuement de ses pieuses aspirations à saint Louis de Gonzague et sollicitait avec insistance de ce grand saint la grâce de connaître sa vocation. Elle récitait chaque jour l'office de ce saint Patron de la jeunesse et préférait se passer de la promenade plutôt que d'y manquer.

Sa pieuse tante ne lui passait rien et dès que la petite Oliva eut l'âge de discernement, elle lui apprit à mettre de côté futilités et vanités et même ces amusements puérils si nécessaires aux enfants. Un jour, la trouvant toute occupée à la lecture d'un livre profane, pas mauvais mais... une de ces innocentes histoires racontées dans les livres de prix, elle lui enleva brusquement le livre des mains en disant qu'elle ne devait pas perdre le temps à lire ces niaiseries, et lui remit à la place l'Imitation de Jésus-Christ.

Notre Chère Mère fut toute sa vie d'une droiture peu commune : sa sincérité ne put jamais supporter l'ombre d'un mensonge. Le jeudi, elle réunissait ses jeunes amies dans la maison paternelle et réservait toujours quelques petites friandises qu'elle leur distribuait elle-même. Donc, un bel après-midi, après avoir devisé joyeusement entre elles, Oliva se lève et se met en devoir de les ranger méthodiquement pour leur distribuer une boîte de dragées ; l'une des invitées qui trouvait sans doute les bonbons à son goût fait un demi-tour et vient se replacer devant notre petite maîtresse de maison, pour en recevoir une seconde fois ; notre Oliva, s'en étant aperçue, la tança d'importance et lui reprocha vertement cette petite ruse. Cette légère supercherie lui gâta tout le plaisir qu'elle se promettait ; ce qu'elle en souffrit n'est pas croyable, elle alla jusqu'à en verser des larmes, non pas pour les dragées, mais elle ne pouvait supporter la dissimulation, même dans une chose si insignifiante.

Au baptême, elle avait eu pour marraine une dame dont la grande fortune lui permettait de multiplier les cadeaux à sa filleule qu'elle affectionnait d'ailleurs beaucoup. Un jour, l'enfant reçut une petite robe bleu-de-ciel, très jolie, disait-elle encore dans sa vieillesse. Si attentive que fût la bonne tante Thérèse, elle n'avait pu extirper entièrement le dernier germe de coquetterie, qui fut de tout temps l'apanage du sexe féminin. Donc, l'enfant se complaisait dans ce gracieux costume et... Il faut dire pour l'intelligence du fait qu'à l'extrémité de la propriété de la famille se trouvait un petit étang qu'il fallait nécessairement traverser, quand on voulait prolonger la promenade. Pour s'admirer plus à l'aise, elle lâche la passerelle et tombe dans l'eau ! Ses cris enfantins ont bientôt attiré la famille éplorée : le cœur aidant l'adresse, on eut vite arraché l'innocente créature au trépas.

Mais le Dieu jaloux, qui avait ses desseins, ne voulait lui passer la moindre complaisance en elle-même, Il avait permis cette légère épreuve pour lui ouvrir les yeux et la détourner des vanités du monde.

Si cet incident impressionna l'enfant, qui s'en souvint toujours, il ne toucha guère l'élégante marraine, qui offrit peu après à sa jeune filleule un riche manteau rouge, très vif. La maison paternelle se trouvait à l'extrémité de la petite ville de Barr et, aussitôt sorti de la propriété, on se trouvait dans la campagne. La chère enfant se trouvait sur cette route à peu près déserte, lorsqu'un bouvier, conduisant ses bœufs, passe à une certaine distance de la chère petite ; mais, parmi ces bêtes farouches se trouvait un taureau qui, attiré par la couleur si éclatante du manteau d'Oliva, se détourne du reste du troupeau et vient droit à l'enfant ; celle-ci s'en aperçoit et se met à s'enfuir de toute la vitesse de ses petites jambes, l'animal n'est plus qu'à quelques pas, la petite redouble sa course dans la direction d'une grange ouverte. Elle s'y engage, la bête la suit. Dans sa frayeur elle ne voit plus rien, elle est éperdue, haletante et ne s'aperçoit pas qu'un madrier traversait la porte du bas. Elle tombe, arrêtée par cet obstacle imprévu, le taureau saute au-dessus d'elle : c'était son salut ! Le malheureux bouvier suit de près le terrible animal, et secondé par quelques passants accourus au secours de la fillette, il accule la farouche bête au fond de la grange et finit par s'en emparer. Ramenée au logis paternel, plus morte que vive, elle bénit Jésus de sa divine Protection, mais elle comprit plus tard pourquoi elle avait échappé à un accident qui aurait pu lui coûter la vie.

Elle avait une sainte mère, nous l'avons dit déjà, qui « passait en faisant le bien » : Une pauvre vieille dans la misère, qui ne demeurait pas très loin de la demeure de Madame Uhlrich, était l'objet de sa sollicitude et chaque jour elle la visitait avec une bienveillance et un désintéressement particuliers. Un jour de dimanche, la bonne dame, ne pouvant facilement s'absenter, chargea son Oliva du soin de secourir sa pauvre protégée. Elle savait dans quelle large mesure Oliva partageait ses sentiments généreux et se reposait sur elle pour cette délicate mission. Elle lui confie donc une tasse de café et les douceurs supplémentaires, lui recommandant surtout de ne pas tacher sa toilette d'été, qui était couleur lilas, très tendre, et dont la finesse de teinte n'avait d'égale que la fraîcheur. Aux recommandations maternelles, elle répond par les promesses les plus sincères ; mais, hélas ! à peine a-t-elle fait quelques pas, que distraite, sans doute, par un furtif regard sur la charmante toilette, ou, n'ayant pas suffisamment observé sa démarche elle se heurte à un obstacle suffisant pour répandre le précieux breuvage.... quelle épreuve !!! Le mot pourra paraître une profanation ; mais, pour qui connaît les tendances d'une jeune fille naturellement portée à l'élégance, et si l'on considère et son soin extrême et la propreté excessive de notre future Chère Mère, unis à la crainte des reproches maternels, on comprendra l'appréhension angoissante de la chère enfant. Réflexion faite,

se dit-elle, ma mère ne le saura pas, je vais creuser davantage un des plis du devant de ma robe, et de cette manière
la malencontreuse tache passera inaperçue. Elle avait
compté sans sa conscience, la sienne, si inexorable pour
elle, et qui lui reprocha durement chaque petit manquement
comme un crime, jusqu'à la fin de sa vie. Sans cesse cette
petite ruse était là sous ses yeux, revêtant tour à tour les
formes les plus odieuses ; enfin, ne pouvant pas supporter
plus longtemps ce reproche intérieur, elle s'en vint bientôt
avouer ingénument à sa bonne mère sa mésaventure.
Celle-ci, trop heureuse, sans doute, de la droiture de sa
chère Oliva, ne lui fit aucun reproche ; elle se félicitait
probablement au fond du cœur du travail de la grâce dans
une si jeune enfant.

Notre Chère Mère ne comprit jamais le déguisement
et elle donna souvent des preuves de cette grande franchise
qui la distinguait et ne plaira pas toujours à ceux qui auront
plus tard des relations obligées avec elle.

Un jour, qu'elle accompagnait sa tante Thérèse au marché,
celle-ci marchandant des fruits : « Combien ces poires,
Madame ? » — Oh ! pour vous, trente centimes. « Je vais
à côté, dit la tante, trente centimes, c'est bien trop cher ! »
La nièce, indignée, apostrophe la bonne tante devant la
marchande et lui dit d'un air irrité : « Mais vous en venez
d'à côté, vous vous rappelez bien que la femme n'a pas
voulu les laisser moins de quarante centimes ? » La tante
confuse baissa la tête et s'en revint à la maison, pas fière
du tout, mais sans rancune cependant contre l'enfant terrible. Malheureusement cette mésaventure ne la convertit
pas et les mêmes contestations se renouvelèrent plusieurs
fois pour du beurre, pour des légumes... justifiant toujours
les vigoureuses remontrances de la petite nièce.

Le Dieu d'amour, qui voulait pour Lui seul tous les battements de son cœur, répandait l'amertume sur les moindres satisfactions qu'elle osait se permettre dans son enfance. Un jour, on lui offrit un oiseau, elle le mit en cage, l'environna des plus tendres attentions et le soigna avec la délicatesse qu'elle apportait à toutes ses actions, mais son cœur si sensible s'attachait peu à peu à cette innocente créature du Bon Dieu ; alors, pour couper court à cette attache naissante, le bon Jésus permit que l'oiseau trépassât. Elle le pleura amèrement et se promit bien de garder désormais son cœur libre de toute entrave.

CHAPITRE II

LES GRACES DE LA PREMIÈRE ÉDUCATION

Le 17 mars 1850, elle fit sa première Communion : elle était alors âgée de 13 ans. Qui dira les soins pieux et délicats, attentifs et multipliés par sa sainte mère et sa pieuse tante, pour préparer ce jeune cœur à sa première rencontre avec son Dieu ? Émule des anges, ses frères, elle s'approcha de la Table Sainte environnée de sa famille de la terre, si digne de l'accompagner au divin Banquet.

Dès ce jour-là, le monde n'exista plus pour Oliva : vanités, cadeaux, visites, tout la laissait indifférente. Elle avait entendu l'appel divin, au contact sacré de l'Époux des vierges ! Elle connaît maintenant sa vocation, elle s'y livrera toute entière quand l'heure suprême aura sonné : âme fidèle, elle répondra à l'amour par l'amour ! et, avec une pieuse jalousie, elle saura garder ses serments !

Au nombre des invités à cette fête de famille et à cette inoubliable cérémonie se trouvait une cousine qui avait pour Oliva une tendre affection et une véritable admiration pour sa grâce juvénile. Avant de se rendre à l'église pour la cérémonie, elle présente un miroir à sa jeune parente. Mais Oliva, remarquant ses épais cheveux noirs disposés en bandeaux et encadrant son mâle visage, se trouva si vilaine là-dessous qu'elle lui rendit sa glace avec vivacité, lui faisant voir qu'elle ne partageait pas ses sentiments : elle n'était pas de nature à s'admirer, son éducation si austère ne l'y avait guère disposée.

Notre Chère Mère conserva toute sa vie un culte pieux et plein de douceur pour le jour anniversaire de sa première Communion : tous les ans, même aux jours de sa vieillesse, elle faisait chanter à la Sainte Messe un motet de circonstance et, la messe achevée, elle s'asseyait — elle qui entendait deux et trois messes à genoux — pour goûter à son aise le cantique qui revenait chaque année : *Un chérubin dit un jour à mon âme, etc.* C'était toujours ancien pour elle, et toujours nouveau !!!...

Le 17 mars 1917, elle rendit son âme au Dieu de sa première Communion : c'était l'anniversaire, le dernier sur cette terre, de ce jour mémorable.

En devisant simplement et cordialement à la récréation, elle a raconté souvent à la Communauté le bonheur qu'elle éprouvait dans ses courses à travers les bois : son cœur si tendre était ému de reconnaissance à la vue de ces merveilles semées à pleines mains par le Créateur pour le bonheur de sa petite créature. Que de fois ne faisait-elle pas remarquer la munificence divine dans la multiplicité et la variété des fruits, alors que quelques sortes eussent pu suffire aux besoins de tous.

Chaque année, on faisait en famille un voyage au Mont Sainte-Odile et, de tous les agréments permis que s'accordaient ses dignes parents, celui qui ravissait davantage son cœur, c'était de contempler la nature vierge, les monts, les forêts. La fleurette, le brin d'herbe, muets pour d'autres, avaient un langage pour elle. Tout cela lui rappelait les charmes de Celui qui avait ravi son cœur pour toujours !

Si elle avait tant d'attraits pour le mont Sainte-Odile,

elle avait un culte de prédilection pour la sainte aveugle qui l'avait illustré par son éminente sainteté. Une maladie d'yeux s'étant déclarée, Oliva faillit perdre la vue, mais s'étant confiée à l'intercession puissante de la glorieuse Patronne de l'Alsace, ainsi que ses pieux parents, elle obtint promptement sa guérison. Elle ne se ressentit jamais plus de ce mal ; ou s'il laissa une trace de son passage, ce fut que l'œil atteint était meilleur que l'autre.

Notre Oliva était très simple, d'une famille aux mœurs patriarcales. Ses parents étaient profondément chrétiens l'un et l'autre et si les devoirs de leur position ne leur eussent fait une obligation de recevoir quelquefois, ils seraient toujours restés en famille, en leur intimité, loin du monde et de ses exigences, parfois fatigantes et souvent ennuyeuses.

La jeune Oliva avait une belle voix et, sur une première invitation, chantait en toute simplicité, sans se faire prier. Elle aimait surtout cette innocente cantate :

> Si j'étais grande dame,
> Je voudrais tous les jours
> Au pauvre qui réclame
> Offrir un prompt secours.

On comprend facilement vibrer en son cœur la corde de la charité dont elle était remplie. Dans les jours de sa vieillesse, elle rappelait à son souvenir ces couplets du temps jadis, qui trahissaient si bien son esprit de prière :

> Mais je n'ai rien sur terre
> A donner au malheur
> Que mon humble prière
> Et l'amour de mon cœur.

A une de ces réunions de famille et de demoiselles de son âge, on avait un jour convié une jeune fille qui venait d'arriver à Barr. Comme elle avait une voix remarquable et un talent musical incontesté, on la pria de vouloir « chanter quelque chose », mais elle s'excusa avec tant de cérémonies, accompagnant chacun de ses refus d'une petite grimace, que notre Chère Mère, laquelle certes n'était pas moqueuse, s'en amusa beaucoup. A chaque instance qu'on lui faisait, la jeune fille répondait avec emphase : « Mais, je n'ai pas mes notes ! » Alors on pria la jeune Léna (la future Sœur Marie de Jésus) de se mettre au piano. Elle le fit sans façon.

Malgré son grand amour de Dieu, le soin jaloux avec lequel elle cultivait ce don précieux et son attentive fidélité à la grâce, notre Oliva se laissa cependant aller à une résistance qui lui coûta bien des larmes.

Un bal de société se donnait dans la petite ville de Barr qu'habitait sa famille. On ne manqua pas d'y inviter son père, qui avait alors une charge dans la magistrature et, comme notre Oliva était en âge de paraître dans le monde, il semblait tout naturel qu'elle y accompagnât ses parents. Cette distraction était vivement désirée par la jeune fille. Elle avait une toilette neuve, très claire, complétée par le charmant fichu appelé « Fichu Marie-Antoinette ». Elle détaillait encore naïvement et de bon cœur, dans sa vieillesse, le costume qu'elle portait à cette soirée, d'un souvenir si amer !

Le père qui, pour des raisons particulières, avait décliné l'invitation, était inflexible et notre Oliva avait dû s'incliner sous les refus, lorsque survint la cousine (dont nous avons parlé à l'occasion de la première Communion d'Oliva) ; elle fit valoir des raisons qui, pour n'être pas de nature à modifier les sentiments paternels, détendirent cependant la situation et, restée à peu près maîtresse de la place, elle profita de cette ombre d'hésitation pour s'emparer de la jeune fille. Cette parente, d'ailleurs, était très respectable et en âge de chaperonner sa jeune cousine.

Voilà donc notre future Chère Mère aux prises avec elle-même, dans une salle splendidement décorée et illuminée pour la circonstance : quel martyre pour sa conscience délicate ! Quelle torture pour son cœur sensible !... Elle ne sait où cacher sa honte et ses regrets. Elle se tapit dans un coin, lorsqu'un cavalier s'avance et l'invite à danser, elle remercie gracieusement. Le cœur ému, les larmes aux yeux, elle s'enfonce dans la pénombre, mais ne peut se dissimuler assez pour qu'un second danseur ne l'aperçoive et s'avance à son tour, c'en est trop ! Elle lui répond avec humeur et s'éloigne pour pleurer librement : « Mais que me veulent-ils donc, dit-elle, qu'ils me laissent tranquille, je ne veux pas danser !... » Si elle avait cru passer inaperçue, elle s'était bien trompée, car elle portait le cachet de la bonne éducation reçue : la modestie, unie à la grâce qui plaît partout, attire l'attention et fixe les faveurs.

Enfin, elle peut s'esquiver de ce séjour trop ténébreux pour son âme candide !... Elle rentre en sa chambrette, témoin muet et fidèle de sa vie pieuse et mortifiée et donne cette fois libre cours à ses larmes !... Avoir à ce point résisté à la grâce !... elle, qui s'est livrée à son Jésus sincèrement, avec tant d'amour ! elle, qui a toujours été si fidèle à toutes les inspirations divines !... Ce fut un véritable désespoir ! Elle pleura longtemps et ne se pardonna jamais cette faiblesse d'un instant, dont le seul souvenir, longtemps après, lui arrachait encore des larmes amères. Ce fut là (elle l'a déclaré en intimité à sa famille religieuse) le plus grand péché de sa vie.

Mais voici une rude épreuve :

Vers ce même temps, son père, revenant en voiture d'un voyage exigé par les devoirs de sa charge, contracta un refroidissement. A peine rentré chez lui, une fluxion de poitrine se déclare ; quelques jours après il était terrassé ! Cette mort, que notre Chère Mère qualifia de subite, et qu'elle regardait comme une punition de ses propres infidélités, ne fut pas imprévue, car son père était un homme de devoir. De cette mort et des funérailles qui suivirent, elle ressentit longtemps encore l'impression pénible qu'elle avait éprouvée en entendant clouer le cercueil.

Notre jeune Oliva aimait beaucoup son père, leurs deux caractères offraient une grande analogie : même franchise, même désintéressement. C'était un magistrat intègre, seule la justice était sa loi. Il ne se fût jamais laissé tenter par l'appât des richesses. Un trait, que nous allons citer en passant, peindra au vif le sentiment de ses devoirs.

C'était l'heure de midi, toute la famille était réunie pour le repas ; tout à coup on sonne !... Après s'être informée du visiteur et de l'objet de sa visite, sa pieuse épouse lui dit : « On te demande pour un litige quelconque, mais, ajouta t-elle plus bas, c'est une pauvre femme, tu peux bien finir de manger?... » Le père, se levant de table avec vivacité, rejette sa serviette et dit sévèrement : « Non, non, Madeleine, ce serait une princesse que je n'irais pas plus vite ! » et il disparut à l'instant.

CHAPITRE III

UN GRAND DEUIL
DÉPART POUR STRASBOURG.

Tout ce que voulait le Cœur de Jésus, Oliva le voulait aussi, mais comment le réaliser ?... Devenue par la mort de son père, le conseil et la seconde mère de famille, elle ne pouvait partir et il y avait de plus les alternatives de lumières et d'ombre dont Dieu enveloppait son appel, paralysant ainsi sa volonté comme à plaisir, jusqu'au jour où il lui plairait de la mettre lui-même en œuvre.

Sa bonne mère l'avait initiée de bonne heure aux devoirs si austères de l'éducation de sa petite famille et elle partageait ses nombreux labeurs avec le désintéressement et l'affection profonde que l'on pouvait attendre de son cœur généreux. Les soins constants et attentifs qu'elle prodiguait aux siens ne lui laissaient pas oublier l'objet de ses vœux, elle avait hâte d'en voir enfin l'heureux accomplissement.

Avec sa pieuse mère, elle partit pour Strasbourg, rien ne la retenant plus à Barr, puisque son père n'était plus. Ses frères et sœurs furent successivement placés très convenablement et elle ne songea plus qu'à se consacrer complètement à Dieu, dans le cloître, par une vie toute de mortification, de recueillement et de prière.

Pour s'y habituer, elle fréquentait très assidûment un Carmel, dans lequel on l'accueillait très volontiers et où elle espérait couler pieusement ses jours. Sa bonne mère, loin d'y mettre obstacle, lui disait : « Va, ma fille, où Dieu t'appelle, ne te soucie pas de la terre ; ta vocation avant tout, Dieu prendra soin de ta mère. » Ainsi parlait cette nouvelle mère des Machabées à son enfant, son unique appui.

Dans ses notes intimes, notre Chère Mère inscrivait ses méditations et ses résolutions presque chaque jour. Depuis l'année 1864, on peut la suivre presque journellement et juger de ses impressions quasi quotidiennes. C'est en ce temps-là, qu'elle redoublait de ferveur pour obtenir la faveur de la vocation religieuse, et qu'elle mettait tout en œuvre pour parvenir à ses fins. Elle désirait tant devenir Carmélite et, tout en se dévouant pour sa famille, elle priait le Seigneur de ne pas permettre qu'elle s'attachât trop naturellement aux siens, afin de trouver la force nécessaire pour la suprême séparation, dès que les obstacles seraient levés et que le Cœur de Jésus aurait fait entendre son divin appel.

Dieu en avait décidé autrement, car, malgré ses ardents désirs, elle ne vit jamais s'ouvrir devant elle la porte bénie du Carmel, objet de tant de vœux !...

Dans ses méditations, elle apostrophait avec véhémence les saints du jour et les prenait par leur faible (si l'on peut dire) pour obtenir leur assistance et leur intercession, afin de voir se briser les liens qui la retenaient encore dans le monde. Sainte Thérèse et saint Ignace provoquaient surtout ses pieuses ardeurs : elle entrait si profondément dans les sentiments désintéressés de ces deux apôtres du pur amour !

Le XVIIᵉ dimanche après la Pentecôte, surnommé par elle le dimanche de l'amour de Dieu, elle relève avec un excès de tendresse la remarque de saint Augustin : « Fallait-il, Seigneur, que vous nous fissiez un commandement de vous aimer ? N'était-ce pas déjà trop bon de votre part de nous permettre de vous aimer ! » Alors, elle s'étend là-dessus avec une tendresse de sentiments inénarrables. Et depuis, lorsqu'elle abordait ce sujet, elle ne tarissait pas.

En cette même année 1864, elle fit un règlement de vie qu'elle soumit à son Directeur spirituel, le R. P. Jenner, S. J. de sainte mémoire. Elle lui promit obéissance absolue et ne se serait pas permis d'entreprendre quoi que ce soit de peu d'importance, sans le lui avoir soumis avec sa pleine adhésion.

Son règlement marquait une heure matinale pour son lever. Ensuite, c'était la prière du matin, puis la méditation. Alors, elle entendait une sainte Messe en préparation à la sainte Communion ; ensuite une seconde pendant laquelle elle communiait et une troisième pour lui servir d'action de grâces. De retour à la maison, elle se mettait à l'ouvrage. Quelques heures après, elle faisait sa lecture spirituelle et le soir, à cinq heures, se rendait chaque jour chez les Sœurs Réparatrices pour la bénédiction du Très-Saint-Sacrement. Après le salut, elle préparait sa méditation pour le lendemain et ne sortait de l'église qu'à sept heures du soir.

Le travail manuel, on le voit, tenait peu de place dans son règlement, mais elle s'y livrait alors avec toute l'activité possible, ayant convenu de le faire aussi promptement

et aussi soigneusement qu'elle le pourrait, toujours sous
le regard de Dieu et dans les intentions les plus surnaturelles.
En somme, ce règlement de vie était une ébauche parfaite
de l'œuvre qu'elle était appelée à fonder quelques années
plus tard, puisque, comme nous l'avons déjà dit, elle prenait
le saint Habit dans la Congrégation naissante, le 21 novembre 1867. Elle prétendit toujours réserver une part
très large à la prière, on pourrait même dire exclusive :
« Les autres religieuses, disait-elle souvent, se dévouent
dans les œuvres, autour des enfants ou auprès des malades.
Elles passent les nuits en prière, à veiller, et se sacrifient
pour l'humanité. Elles sont obligées de quitter Notre-
Seigneur pour ses membres, c'est donc à nous de suppléer
à ce qu'elles ne peuvent faire. Nous devons être constamment
assidues auprès de notre Jésus, l'entourer de soins délicats
et tendres et ne pas craindre de prier jusqu'à la fatigue ;
c'est notre mortification à nous. Quand on aime véritablement, on est heureux de partager le sort de l'objet aimé,
d'adoucir ses peines. Voyez donc une mère au chevet de
son enfant ?... Et une épouse se dévouant à son époux,
écartant tout ce qui lui déplaît et lui préparant ce qu'il
préfère. Si vous lui demandez pourquoi toutes ces minu-
tieuses attentions, elle vous répondra que c'est parce qu'elle
l'aime. Et pourquoi l'aime-t-elle ? parce qu'elle l'aime !
Ne lui en demandez pas davantage : c'est déjà le désintéressement complet. Et nous, qui devons aimer par pur
amour ! »

La digne Madame Uhlrich et la pieuse Oliva, en arrivant
à Strasbourg, durent se contenter d'abord d'un premier
étage, le rez-de-chaussée étant occupé par une sorte d'ou-
vroir, où un certain nombre de jeunes filles pauvres, sans
situation et même infirmes, se réunissaient sous la direction

d'une pieuse demoiselle. C'est dans ce triste milieu que notre Oliva se rendait fréquemment pour occuper ses loisirs, entre les exercices de piété et le travail des mains.

Ces pauvres deshéritées subissaient avec joie sa maternelle influence. Elle leur inculquait son esprit de prière, les comblait de bontés et veillait sur elles avec la sollicitude de la plus tendre mère. L'œuvre ayant pris un accroissement sensible et attiré l'attention et la bienveillance de l'autorité ecclésiastique, Monseigneur l'Évêque lui donna pour Directeur spirituel Monsieur l'Abbé Raess, son propre neveu et son Secrétaire particulier.

Sur ces entrefaites, l'œuvre avait perdu celle qui en avait été jusque-là la protectrice et le plus puissant soutien : Monseigneur en offrit la direction à Mlle Oliva. Comment repousser une proposition dans laquelle la lumière intime de la grâce lui fit deviner aussitôt une invitation providentielle à mettre au jour l'autre œuvre qui, depuis tant d'années, était vivante dans son cœur ?

Elle accepta donc l'offre de Monseigneur de Strasbourg, se réservant toutefois la liberté d'entrer au Carmel, le jour où les portes lui en seraient ouvertes. Elle cultivait toujours le désir du cloître, remplissant de nombreuses pages de ses soupirs et de ses prières les plus ardentes, pour incliner le Cœur de Jésus à exaucer ses vœux et à lui aplanir enfin des difficultés sans cesse renaissantes.

Bientôt après, d'autres jeunes filles de la ville sollicitèrent avec instance la faveur de commencer, sous sa pieuse direction, les exercices de la vie religieuse.

Mlle Oliva, se voyant éloignée du Carmel par la Volonté de Dieu, qui avait sur elle d'autres desseins, se décida à accueillir ces jeunes filles selon leur désir. Dieu seul sait ce qu'elle versa de larmes en cette circonstance pour se soumettre aux vouloirs divins, qui ne devaient faire d'elle rien moins qu'une Fondatrice.

Alors les premiers sujets, réunissant leurs ressources, formèrent le noyau de la Congrégation. On était en 1865.

Mais voici l'heure de Dieu. L'œuvre naissante fut calomniée et on n'épargna pas même la Supérieure. On alla jusqu'à lui contester son titre de Fondatrice, qui lui avait coûté tant de chagrin et l'on ne visait à rien moins qu'à l'éconduire, si l'occasion se fût trouvée favorable à de si noirs projets.

Nous savons, d'une autre source certaine, (car notre Chère Mère voila toujours ces tristes faits par modestie), qu'une demoiselle trop zélée et encore plus mal renseignée, prit sur elle de la calomnier. Mal lui en prit : un jour qu'elle avait pris le chemin de fer pour un voyage de peu d'importance, elle tomba du train. Pour quelle cause ? de quelle manière ? on ne le sut jamais ! Mais quand on la releva, son corps était en lambeaux.

Notre Chère Mère apprenant le châtiment de la délatrice en versa des larmes abondantes. C'est un exemple entre bien d'autres.

La calomnie avait beau jeu, car notre Chère Mère ne fut jamais diplomate, on l'a vu. Elle se trouvait sans argument quand il fallait résister à la ruse.

Les sujets affluant, malgré tout, le local se trouva trop restreint et on fit l'acquisition d'un ancien Carmel qui réunissait toutes les conditions pour la vie religieuse [1].

---

1. Vers cette époque le petit frère de notre Chère Mère, Édouard, tomba malade. Elle le soigna avec toute la délicatesse de son grand cœur, mais le ciel voulait cet ange terrestre, malgré les soins les plus affectueusement intelligents de sa bonne mère et de sa chère sœur aînée. Il fit avec une ferveur angélique sa première Communion et bientôt après il prit son essor vers le séjour des anges. (28 novembre 1866.)

Pendant deux ans l'œuvre grandit, l'estime et la sympathie grandirent avec elle. Monsieur l'Abbé Rapp, l'un des Vicaires généraux de Monseigneur l'Évêque de Strasbourg, apporta la bénédiction et l'approbation épiscopales, le 21 octobre 1867 ; cette rosée céleste ne tarda pas à porter ses fruits et un mois après, jour pour jour, le 21 novembre 1867, fête de la Présentation de la Très Sainte Vierge, le même Prélat déléguait un des prêtres les plus en vue du clergé de la ville pour ériger canoniquement la jeune association en Congrégation religieuse, bénir la chapelle et donner le saint Habit à notre Chère Mère et à ses premières compagnes. Quatre Sœurs prirent part à cette cérémonie de vêture avec la Mère Fondatrice : Sœur Marie de la Croix (première de ce nom) qui devint l'antagoniste acharnée de notre Chère Mère et qui, après lui avoir fait subir tous les tourments que l'envie peut inventer, finit par sortir de la Congrégation. La seconde et la troisième ne purent rester, faute de santé ; seule la quatrième persévéra dans son incomparable dévoûment pour la Congrégation : notre chère Sœur Marie-Élisabeth remplit la charge de Supérieure de la maison de Dauendorf pendant un certain nombre d'années et y rendit pieusement son âme à Dieu, âgée de plus de 70 ans.

La société prit dès lors le nom de Congrégation des Servantes du Cœur de Jésus. De ce premier moment, elle fut composée, comme elle l'a été depuis, de Sœurs de chœur récitant l'office canonial et vaquant à l'adoration du Très-Saint-Sacrement et de Sœurs auxiliaires, se livrant aux œuvres accessoires de la Congrégation (orphelinats, malades, vieillards.)

Le but de l'œuvre fut aussi nettement défini : « Une vie de pur amour et d'immolation, en esprit de réparation envers le Cœur de Jésus, par une entière donation de toutes

leurs prières et œuvres à ce divin Cœur, et par leur zèle
à la faire aimer et le consoler. »

Une particularité qui parut d'abord sans importance et
sur laquelle notre Chère Mère ne put s'empêcher de céder
devint alors et continua d'être par la suite une source de
tribulations pour l'Institut naissant. Le prêtre délégué pour
la cérémonie d'érection était le Directeur à Strasbourg
du Tiers-Ordre de saint François : entraîné par l'ardeur
de son zèle et s'autorisant de ce que la plupart des nouvelles
religieuses faisaient partie de l'association, il prétendit ne
voir dans la Congrégation qu'il venait d'ériger qu'une
Fraternité régulière de ce même Tiers-Ordre et voulut
leur imposer, sous le nom de Sœurs Franciscaines, son
autorité de Directeur. Sur le premier point, notre Chère
Mère, désespérant de vaincre l'obstination du Délégué,
transigea et permit que le nom de Franciscaines fût inscrit
au procès-verbal à la suite de Servantes du Cœur de Jésus.
Pour le second point, qui était de se ranger sous sa direction,
les motifs de conscience les plus respectables la rendirent
inflexible. De là une véritable tempête qui menaça d'une
ruine irréparable la jeune Congrégation.

L'administration ecclésiastique, justement émue, intervint
le 4 septembre 1868, premier Vendredi du mois, jour consacré au Sacré-Cœur de Jésus. Le même Vicaire général,
qui avait apporté à l'œuvre la première bénédiction, fut
envoyé pour une enquête. Après avoir entendu notre Chère
Mère et toutes les Sœurs, il parut satisfait et dit à haute
voix : « Cette œuvre est de Dieu, on ne peut la laisser
périr ! » Monseigneur l'Évêque de Strasbourg, instruit de
la vérité, donna à la Communauté des directeurs de son
choix, lui continua son estime et lui témoigna toujours
une paternelle affection.

Sur ces entrefaites, la désastreuse guerre de 70-71 éclata entre la France et l'Allemagne. La ville de Strasbourg assiégée, essuya un bombardement de tous les jours qui détruisit plus de la moitié des maisons. Au milieu de cette grêle de boulets et d'obus, dont l'explosion portait nuit et jour l'épouvante, l'incendie et la mort dans tous les quartiers de la ville, comment la résidence resta-t-elle intacte ? Comment s'est-il fait qu'un obus, étant tombé au milieu de la cour pavée, ait rebondi pour aller retomber derrière le mur extérieur qu'il a gravement endommagé ? c'est le secret de Dieu.

S'inspirant de la charité du Cœur de Jésus, les Sœurs reçurent chez elles les blessés, qui abondaient dans la malheureuse ville ; elles s'en firent les infirmières et les apôtres. Tous ceux qui entrèrent dans cette maison en sortirent guéris ; et le Général qui vint un jour visiter leur ambulance, frappé de ce phénomène, dit à haute voix en se retirant : « Si je suis blessé un jour, c'est ici que je veux être soigné, car, dans cette maison, on ne meurt pas ! » Bientôt après, notre Chère Mère recevait le diplôme et la croix d'honneur pour services rendus aux armées.

On ne peut parler de l'ambulance, sans rappeler le souvenir de Sœur Marie de la Providence, une des premières filles de la Révérende Mère, dont le dévoûment à la Congrégation est devenu proverbial. Elle se consacra avec un zèle infatigable à l'approvisionnement des militaires. Malgré les difficultés variées et sans cesse renaissantes, elle procurait tout ce qui était nécessaire, utile et même agréable aux malheureux blessés : rien ne devait manquer à ces grands enfants qu'elle voulait voir heureux, pas même le tabac, indispensable au bonheur d'un soldat [1].

1. Voir appendice : Sœur Marie de la Providence, page 197.

Pourtant, un jour, les ressources manquant au couvent, il fallut braver de plus grands dangers pour faire face aux nécessités les plus pressantes. Notre Chère Sœur Marie de la Providence sort de la ville, malgré les menaces et les défenses. Les heures s'écoulaient, la Sœur ne rentrait pas, l'inquiétude envahissait tous les cœurs ; surtout celui de notre Chère Mère, qui connaissait sa rare générosité et la savait capable de témérité pour arriver à ses fins. Enfin la voilà !... elle est rayonnante de joie. Mais il lui faut éclaircir ce mystère, ce retour inexplicable, à cette heure où, depuis longtemps, les portes de la ville étaient fermées, la sentinelle d'ailleurs n'étant pas d'humeur à se laisser fléchir ! La bonne Sœur raconte alors que, devant les remparts, elle avait avisé un meunier qui rentrait et lui avait expliqué sa situation ; celui-ci, ému de l'aventure angoissante de la pauvre Sœur, lui avait ménagé une petite place entre les sacs de farine. De cette façon, elle était parvenue à se dérober à la vigilance des gardes, heureuse, en sortant de sa cachette, d'avoir accompli son devoir pour le bonheur de tous et sans le moindre souci de l'extrême danger qu'elle avait couru.

La Communauté resta encore deux ans dans la ville si violemment arrachée à la Mère-Patrie ; deux ans de cruelles souffrances. Elle s'établit quelque temps à Colmar et c'est là qu'elle reçut comme postulante celle qui devait plus tard, sous le nom de Mère Ignace, devenir son meilleur conseil et son constant et puissant appui.

Le jour de la Purification de la Très Sainte Vierge, 2 février 1871, fut choisi pour la bénédiction de la chapelle de Colmar et on reçut officiellement comme postulante, la future Mère Marie de Saint-Ignace.

A l'occasion de cette réception, on ne peut s'empêcher

de relever la manière si noble avec laquelle notre Chère Mère imposait le voile aux postulantes : sa pieuse âme semblait passer toute entière dans chacun des plis qu'elle formait, et son attitude digne et sainte révélait son esprit surnaturel et le prix qu'elle attachait aux âmes qui venaient, par ses mains, s'offrir au Cœur de Jésus. Quelle joie profonde elle éprouvait chaque fois ! Mais qui rendra ses sentiments quand elle reçut officiellement sa chère Jeanne, la future Mère Ignace, qu'elle jugea au premier abord, digne de sa confiance et de son pieux attachement.

Bien souvent, dans la suite, elle lui recommandait les intérêts spirituels de l'œuvre et était heureuse de s'entretenir avec elle des espérances qu'elle concevait pour la Congrégation.

CHAPITRE IV

EN ROUTE POUR LA MÈRE-PATRIE

Entre temps, le pays natal était devenu, pour la Communauté, une terre d'exil, et le Cœur de Jésus sollicitait, semblait-il, la Congrégation naissante, à prendre le chemin de la France, où Il lui avait ménagé de hautes et providentielles sympathies.

Le siège épiscopal de Soissons était alors occupé par Monseigneur Dours, de pieuse et douce mémoire. Un Père de la Compagnie de Jésus, qui avait eu des rapports avec la Congrégation, l'en avait entretenu et avait fait naître dans son cœur le désir de la fixer dans son diocèse.

Notre Chère Mère, ayant eu connaissance de ses dispositions bienveillantes, s'ouvrit à Mgr Raess de son désir de transporter en France le siège de la société. Le vénérable Prélat, que le devoir retenait de force dans son diocèse, la bénit et lui donna, quoique à regret, son consentement. Elle ne rencontra pas la même bienveillance chez tous les amis de l'œuvre, dont plusieurs la décrièrent durement et taxèrent d'imprudence cette nouvelle entreprise.

Il y avait à Saint-Paul-aux-bois (diocèse de Soissons), entre Chauny et Coucy-le-Château, un couvent habité par cinq ou six Norbertines vieilles ou malades. Mgr Dours aurait bien désiré relever cette maison ; il en avait parlé au R. P. Jenner, S. J., qui avait fait venir notre Chère Mère de Colmar, afin qu'elle pût juger par elle-même s'il ne serait pas possible de répondre au désir de Monseigneur. Après avoir examiné et pesé tous les moyens de conciliation, les choses ne purent s'arranger et notre Chère Mère écrivit aux Sœurs restées à Colmar que tout était fini et que le Cœur de Jésus ne les appelait pas là.

Quelque temps après, le R. P. Jenner prêcha une retraite au pensionnat de Molain, doyenné de Wassignies, au diocèse de Soissons. C'est ainsi qu'il mit notre Chère Mère en relations avec les Directrices de cet établissement, trois demoiselles âgées, qui lui cédèrent leur pensionnat. Notre Chère Mère, qui avait hâte de s'établir en France, accepta cet établissement, en attendant que la divine Providence lui fournît une construction qui répondît plus parfaitement à l'esprit de sa vocation.

C'est à Molain que la Congrégation fit sa première station en quittant l'Alsace. Les Sœurs y arrivèrent sous la conduite de notre Chère Mère, la veille de Noël 1872. Après avoir déballé le modeste mobilier et installé les paillasses trempées de neige fondue, les Religieuses assistèrent avec ferveur à la messe de minuit. Elles rentrèrent renouvelées et fortifiées se reposer quelques heures sur les paillasses humides, installées dans le grenier, dont la toiture, recouverte de tuiles, laissait pénétrer la neige sur les pauvres couchettes. Une Sœur ancienne (notre chère Sœur Marie-Angèle) se plaisait à raconter que, bien souvent, elle avait dû ouvrir son parapluie sur le lit, les tuiles disparues laissant pénétrer et la pluie et la neige.

Notre Chère Mère a répété plus tard que le Cœur de Jésus, qui ne se laisse jamais vaincre en générosité, la combla de faveurs en cette nuit bénie et lui montra plus clairement que jamais ce qu'il prétendait exiger de la Communauté.

C'est dans ce petit Bethléem que notre vénérée Chère Mère put voir quelle était la sollicitude de la divine Providence pour l'œuvre au berceau, et elle redit plus tard avec admiration que les ressources qui manquaient se trouvaient sous sa main : comment une fois, ouvrant son secrétaire qu'elle croyait vide, elle y trouva une pièce de dix francs, une autre fois, une pièce de vingt francs. C'était souvent la somme qui lui manquait qu'elle découvrait à sa grande surprise. Le Cœur de Jésus répondait toujours à sa confiance, même que les provisions semblaient se multiplier au besoin. Un tas de poussières était la seule provision de charbon et, disait Mère Ignace à son tour : « Chaque fois qu'il fallait allumer le feu, c'était tout un travail de réunir quelques petits morceaux de charbon de la grosseur d'une noix » ; la bonne Mère avait alors la charge de la cuisine.

Le poêle était si petit (un poêle à trois pieds) qu'on ne pouvait faire cuire qu'un mets à la fois : on commençait naturellement par la soupe ; quand elle était cuite, on l'entourait de tous les tabliers qu'on trouvait dans la pièce qui servait de cuisine, afin de la conserver chaude jusqu'à ce que le plat de légumes fût cuit à son tour.

La sacristie servait à la fois de salle de réunion pour la Communauté et de parloir pour les personnes du dehors ; il arrivait bien souvent que, quand on se trouvait réuni pour la récréation, une visite se présentait, et chacune de se sauver avec son travail, pour laisser place libre aux visiteurs.

C'est dans la pauvre chapelle de Molain (dédiée à saint Martin) que la Chère Mère Marie du Cœur de Jésus prononça ses premiers vœux et que sa future Assistante, Mère Marie de saint Ignace, reçut le saint Habit, en la fête de saint Louis de Gonzague, 21 juin 1873 [1].

Le pensionnat, comme œuvre, n'entrait guère ou pas du tout dans le but de l'Institut : aussi fut-il bientôt aban-

1. Au sujet de Molain, nous avons reçu cette lettre en octobre 1926 :

Le samedi 2 octobre 1926, je descendais vers six heures du soir en gare de Vaux-Andigny-Molain. Je venais prêcher le Jubilé à Vaux et à Molain, du 3 au 10 octobre.

Monsieur le Curé du pays, qui dessert les trois susdits villages, m'attendait à la gare. Après les salutations habituelles, nous voilà en route pour le presbytère. Chemin faisant, je lui dis : « Eh bien ! quel est l'esprit de la population que je vais évangéliser ? » Et Monsieur le Curé dit ceci : « Demain vous commencerez par Molain. Molain, c'est un village qui ne ressemble pas aux autres. Il y a eu autrefois dans ce pays (il y a une cinquantaine d'années) des Religieuses... et leur influence se fait encore sentir. Les vieilles personnes d'aujourd'hui ont été élevées par elles, et elles ont gardé leur esprit, qui ne ressemble pas à celui des autres villages. »

En effet, le lendemain, je chantais la grand'messe dans une vieille église dont le chœur a été supprimé par les bombardements de la guerre. Les hommes d'un côté, les femmes de l'autre, formaient deux chœurs qui chantaient alternativement.

Le soir, l'église presque pleine pouvait compter de 80 à 100 personnes. Tous, religieusement attentifs, témoignaient d'une foi véritable et profonde. Merci aux Sœurs : elles ont fait du bien !

Je vous écris ces lignes afin que vous soyez bien convaincue que même un court passage dans une paroisse peut faire du bien.

Les Sœurs n'ont pas perdu leur temps à faire tant de sacrifices, lors de leur entrée en France. Elles ont passé après avoir semé dans les larmes... et la moisson est venue : on s'aperçoit encore après 50 ans, que la terre avait été bien cultivée et que Dieu a béni le travail des laboureurs !

La maison des Sœurs, en bordure de la place et de la route, sert de mairie et d'école de garçons : la guerre l'a laissée presque intacte. Une cour nue, (au fond de laquelle vieillit aussi un arbre que les Sœurs ont dû connaître bien jeune) sépare cette maison d'une autre en ruines, qu'on appelle encore « la maison de Monsieur l'Aumônier » et qui servit jusqu'à la guerre, d'école de filles.

Voilà, ma chère Sœur, quelques notes sur la première fondation en France, les Sœurs seront heureuses de savoir que l'on ne perd pas son temps à chercher les petits morceaux de charbon dans la poussière en esprit de pauvreté.

donné pour faire place à un orphelinat et à une école externe. Puis, laissant à Molain un petit nombre de Sœurs, la Communauté se dirigea sur Saint-Quentin, où elle était désirée et demandée par les membres les plus notables du clergé de cette ville importante. Une personne pieuse lui offrit une généreuse hospitalité au centre de la ville et on s'y installa le jour de la Visitation, 2 juillet 1873. Monsieur l'Abbé Gobaille, Archiprêtre de Saint-Quentin, de sainte mémoire, vint bénir la chapelle ; mais cette situation toutefois ne pouvait pas durer longtemps et une occasion favorable s'étant présentée, la Communauté acquit en propriété une autre maison (faubourg Saint-Martin, rue de Paris), puis un jardin assez vaste. Le logement était manifestement insuffisant et les ressources manquaient pour bâtir, mais la Providence y pourvut. Une modeste chapelle fut bâtie, en bois, à côté de la maison, pour servir au culte et aux cérémonies religieuses de la Communauté. Elle fut bénite par Monsieur l'Archiprêtre, qui y célébra ensuite le saint Sacrifice le jour même, qui était la fête de l'Épiphanie, 6 janvier 1874 [1].

Le grand vœu de notre Chère Mère Marie du Cœur de Jésus eût été d'élever au Cœur de Jésus un temple plus digne de Lui, mais les circonstances entravèrent constamment son désir et elle dut emporter dans la tombe ce doux espoir si longtemps et si pieusement caressé.

Le 19 mars 1875, en la fête de notre bon Père saint Joseph, Monsieur l'Archiprêtre posa la première pierre de la maison de Communauté.

Le 4 juin 1875, avait lieu la cérémonie, au cours de laquelle

---

1. La chapelle provisoire de 1874 servit pendant quarante-quatre ans, et fut anéantie par le feu des combattants, lors de la reprise de Saint-Quentin à la fin de la grande guerre (1918).

COUVENT DE SAINT-QUENTIN.

Sœur Marie de saint Ignace et Sœur Marie des Sept-Douleurs (entre autres) devaient prononcer les premiers Vœux. On avait choisi ce jour pour inaugurer le Vœu de Victime ; on n'attendait plus que l'autorisation de Soissons. Une lettre de l'Évêché fut remise à la portière, elle contenait précisément l'approbation attendue, mais la pauvre portière, par distraction, sans doute, conserva la précieuse missive dans sa poche et quand elle pensa à la remettre, la cérémonie était finie. Force fut de remettre la fête et on choisit le 16 juin, 200e anniversaire de la grande révélation du Sacré-Cœur, pour prononcer le « Vœu d'Immolation » pour la première fois. Cela continua jusqu'au 28 avril 1902.

L'adoration perpétuelle du Très-Saint-Sacrement fut accordée pour la fête de la Toussaint 1878.

Bientôt l'ère des persécutions religieuses s'ouvrit et notre Chère Mère, qui brûlait de zèle pour l'extension du culte du Sacré-Cœur dans la sainte Eucharistie, sollicita l'adoration nocturne une fois par semaine, ensuite deux fois et, à la fin de l'année 1900, on avait le Très-Saint-Sacrement exposé nuit et jour, ce qui se continua sans interruption jusqu'au jour de l'inoubliable exode du 10 mars 1917 !

Durant ces premières années de séjour à Saint-Quentin, le Cœur de Jésus se plut à prodiguer à sa chère famille de précieuses consolations dans l'affectueux attachement que lui vouèrent deux prêtres éminents, Monsieur l'Archiprêtre de la basilique et Monsieur l'Abbé Dehon, l'un de ses premiers vicaires. Ces deux dignes ecclésiastiques se dévouèrent à ses intérêts et en furent ensemble comme la Providence.

La mort de Monsieur Gobaille, survenue deux ans après,

fut un deuil pour la Communauté : elle perdait un ami et un bienfaiteur, mais la bonté divine, toujours attentive aux épreuves de sa famille, lui en rendit un autre dans la personne de Monsieur l'Abbé Mathieu, (plus tard Mgr Mathieu), l'un des plus remarquables curés de la Collégiale.

Mgr Mathieu fut aussi nommé Supérieur de la Communauté dont il était déjà le protecteur et l'ami et, le 19 juin 1876, en la fête du Sacré-Cœur de Jésus, il bénissait le couvent, dont son prédécesseur, Monsieur l'Archiprêtre Gobaille, avait posé la première pierre.

Le 31 juillet 1877, les Religieuses se trouvèrent en nombre suffisant pour réciter l'office canonial ; il fut dit en chœur, officiellement, tous les jours, et ne fut omis que pendant les quelques jours qui suivirent l'évacuation de 1917, juste le temps de s'organiser dans la chapelle du collège Saint-Vincent de Soignies, mise charitablement à la disposition de la Communauté par le digne Monsieur Labeau, qui en était alors le Principal [1].

Au moment de ces joies spirituelles, il y eut bien quelques épreuves, dont une en particulier, par laquelle Dieu fit comprendre aux Servantes du Cœur de Jésus qu'il ne fallait compter que sur Lui :

Une jeune personne du meilleur monde, ayant été admise

---

1. Monsieur l'Abbé Dehon, que son dévoûment et son titre de confesseur mettaient en rapports fréquents avec la Communauté, ayant fondé en 1877, sur le désir et à la grande satisfaction de Mgr Thibaudier, un collège sous le nom d'Institution Saint-Jean, sur la demande et avec la plus entière satisfaction de leur Évêque, les Servantes du Cœur de Jésus lui prêtèrent leur coopération dévouée. Elles prirent à leur charge, dans le nouvel établissement, la direction du ménage, de la lingerie et de l'infirmerie jusqu'en 1900 et contribuèrent à sa prospérité, non seulement de leurs personnes, mais encore des ressources que la Providence faisait abonder momentanément entre leurs mains.

Mademoiselle Marie Uhlrich (Tante Marie),
Sœur puînée de la Fondatrice.

40

dans la Congrégation, y mourut au bout de cinq ans de profession. Sœur Marie des Cinq Plaies semblait, par ses héroïques vertus, l'espoir de l'œuvre ; et ce portrait achevé de la vraie Servante du Cœur de Jésus disparaissait en quelques jours.

Elle avait laissé sa fortune à sa Congrégation pour lui permettre de continuer les œuvres soutenues par elle pendant cinq ans : mais le tribunal cassa le testament pour vice de forme.

La bonne réputation des Sœurs s'étendait chaque jour dans la grande ville de Saint-Quentin et le bruit de ce procès allait lui aliéner bien des sympathies.

Mademoiselle Marie Uhlrich, sœur puînée de notre Chère Mère, fut pour le moment la Providence visible de la Congrégation. Grâce à ses relations, elle réunit un capital assez respectable et réussit à sauver la situation si critique de sa digne sœur. Cet important service, attribué à la bonté de son cœur et à l'estime profonde et sincère qu'elle portait à la vocation de sa sœur aînée, lui concilia l'affection reconnaissante de toute la Congrégation. Toutes les Sœurs l'aimaient sincèrement et l'accueillaient avec la plus cordiale sympathie. Quand, rarement du reste, elle venait visiter notre Chère Mère, on l'entourait affectueusement, en la nommant simplement « Tante Marie ».

Mgr Thibaudier avait hérité de Mgr Dours sa bienveillance pour la Congrégation. Ce fut lui qui accorda les adorations de jour et quelques-unes de nuit et donna sa pleine approbation aux Constitutions, comme l'avaient fait Mgr Raess de Strasbourg et Mgr Dours. Mgr Thibaudier, fidèle à lui-même, consola la Communauté dans l'affliction qu'elle souffrait, lui donna des témoignages publics de son estime, et quand il passait à Saint-Quentin, rarement il manquait de l'honorer de sa visite [1].

Le 16 juin 1882, notre Chère Mère prononçait ses Vœux perpétuels et avait à ses côtés, pour partager avec elle les joies ineffables d'un si beau jour, Sœur Marie de saint Ignace, sa digne et dévouée collaboratrice dans l'œuvre du Cœur de Jésus.

Une épreuve bien sensible vint pourtant attrister le cœur de notre Chère Mère en cette journée qui devait lui procurer tant de bonheur.

Notre vénérée Mère regardait comme une faveur céleste la perte des quatre premières Sœurs défuntes : Sœur Marie de Jésus (sa propre sœur), Sœur Marie-Xavier, Sœur Marie de Gonzague, Sœur Marie des Cinq Plaies. Elle ne tarissait pas quand elle parlait de ces quatre colonnes de la Congrégation qu'elle considérait comme des saintes et dont elle sollicitait la protection du haut du ciel, où elle les croyait bien placées, grâce à leur parfaite fidélité à correspondre à la grâce, chacune selon son attrait.

La première Sœur qui mourut ensuite dans la Communauté fut Sœur Marie-Raphaël, *première de ce nom*. Elle tient une trop large part dans les épreuves de notre Chère Mère pour qu'on puisse passer sous silence sa fin tragique et prématurée [1].

1. Sa translation au siège archiépiscopal de Cambrai rendit les rapports moins fréquents, sans les rompre. Et depuis que la mort l'a enlevé à son diocèse et à l'Église, les Servantes du Cœur de Jésus l'ont toujours compris dans leurs suffrages avec une persévérance qui témoigne de leur reconnaissance ou plutôt de leur piété filiale.

2. Sœur Marie-Raphaël (première du nom). Voir appendice, page 208.

CHAPITRE V

APRÈS LA TEMPÊTE
SOURIRES DE LA PROVIDENCE

Mgr Thibaudier, saint et judicieux Prélat, avait, dès l'origine et dans la suite, encouragé et béni les rapports et le dévoûment réciproque des deux Communautés des Prêtres du Cœur de Jésus et des Servantes du Cœur de Jésus. Aussi, dès que la Communauté des Prêtres du Cœur de Jésus eut créé, en 1882, une école apostolique à Fayet, aux portes de Saint-Quentin, un poste d'Aumônier au Val-des-Bois, pour remplir les fonctions de leur ministère auprès des ouvriers de Monsieur Harmel, en 1888, une autre école apostolique à Clairefontaine, au point de contact des deux frontières de la Belgique et du Luxembourg, en 1889 ; quand, au noviciat qu'elle avait en Hollande, elle ajouta une école apostolique dans la même année, enfin, quand elle organisa un petit établissement d'enseignement secondaire à Paillé, diocèse de la Rochelle, et qu'elle s'établit au pèlerinage de Fresneau, diocèse de Valence, les Sœurs prirent, dans ces diverses fondations, leur place de coopératrices dévouées, avec la conviction qu'elles obéissaient à un devoir divin, si bien qu'elles comptaient, en 1889, trente-cinq des leurs dans les différents établissements des Prêtres du Cœur de Jésus.

En même temps qu'elles se prodiguaient avec cette générosité dans les œuvres d'autrui, la Congrégation elle-même prenait, par suite de circonstances purement providentielles, un essor et un développement inattendus.

En 1869, une pieuse personne de Dauendorf (Basse Alsace) lui faisait don de sa maison et d'une propriété attenante, pour y établir une œuvre de charité. Les Sœurs en prenaient possession en cette même année et la transformaient en hospice : des infirmes, des orphelines, des malades y étaient amenées des pays environnants en nombre considérable et, malgré des épreuves très sensibles, la maison n'a pas cessé de s'accroître et de prospérer.

En 1888, un prêtre de la paroisse de Merlebach (Lorraine) offrit aussi à la Congrégation sa maison et ses terres pour une œuvre analogue à celle de Dauendorf. Les Servantes du Cœur de Jésus en prirent possession le jour de l'Assomption de la Très Sainte Vierge. Le nombre des infirmes qu'on y reçut aussitôt fut tel, qu'un instant, on en fut effrayé ; mais la Providence dissipa ces alarmes par des interventions significatives et, malgré ce grand nombre de malheureux, ou plutôt à cause de ce grand nombre, la maison se soutint et s'affermit, bénie de Dieu et des hommes.

Notre Chère Mère avait formé le vœu de fonder en Terre Sainte, à Béthanie, une nouvelle Communauté réparatrice, là où si souvent notre bon Jésus avait daigné se reposer et où Il trouvait paix et consolation, dans sa vie apostolique, au milieu de ses meilleurs amis, Marie-Madeleine, Marthe et Lazare ; mais telle n'était pas la Volonté divine, car, après avoir acquis le terrain au prix de bien des sacrifices, elle eut la douleur de se voir forcée de renoncer à son pieux projet.

En avril 1892, une pieuse personne de Chazelles, dans la banlieue de Metz, apprend l'existence des Servantes du Cœur de Jésus et la nature de leurs œuvres ; aussitôt elle leur donne par acte notarié une maison de campagne avec jardins et vignes qu'on dispose pour l'œuvre de l'adoration perpétuelle du Très-Saint-Sacrement.

Mgr l'Évêque de Metz, répondant de vive voix à la demande que lui adressait notre Chère Mère, lui dit du ton le plus bienveillant : « C'est de tout mon cœur que je vous reçois dans mon diocèse. »

Depuis longtemps déjà, la Maison-Mère, située en France, à Saint-Quentin, ne pouvait contenir son trop nombreux personnel : les postulantes, les novices, les orphelines y étaient entassées. Un nouveau bâtiment était devenu indispensable.

Un spacieux local fut acheté à Fayet, une maison confortable et salubre y fut bâtie pour les orphelines, et Mgr Duval, qui ne savait rien refuser quand on le lui demandait, au nom des petits et des humbles, daigna se rendre à Fayet, malgré la neige qui tombait à gros flocons, pour bénir le nouveau bâtiment et la chapelle, le 25 octobre 1892.

Par les nombreux et touchants témoignages de confiance et de protection dont elle a été l'objet de la part de tous les Évêques, sous l'autorité desquels elle a vécu depuis sa naissance, depuis Mgr Raes jusqu'à Mgr Péchenard, la Congrégation a pu expérimenter la parfaite exactitude de la maxime dont elle a toujours fait et fera toujours sa règle de conduite et que notre Chère Mère chérissait tant : qu'une société religieuse ne prospère dans l'Église, que dans la mesure de respect et d'obéissance qu'elle professe envers sa sainte hiérarchie.

La maison de Pépinville (Lorraine) fut fondée en mai 1893 [1].

Vers la fin de l'année 1899, une petite succursale de la maison de Pépinville fut créée à Uckange, sur les instances de M. Ensel, alors Maire de cette commune et bienfaiteur de l'orphelinat de Pépinville. Trois Sœurs garde-malades furent mises à la disposition de la population ; elles se dévouèrent jour et nuit au bien du corps et de l'âme de tous les habitants et elles purent, en 1922, se rendre ce précieux témoignage, que pas un catholique, jusque-là, n'était mort sans le suprême secours de notre sainte religion.

Quand on voulut essayer de reprendre ces Sœurs pour les nécessités de la Congrégation, on put voir jusqu'où allait pour elles l'attachement de toute la commune, et on fut forcé de les laisser à leur poste de charité.

Le 8 mai 1900, notre Chère Mère rentrait de voyage après avoir visité successivement ses maisons : celles du Val-des-Bois, de Pépinville, de Dauendorf et de Chazelles. Partie souffrante, notre Chère Mère nous revenait presque en santé. Elle n'avait plus que quelques jours pour se préparer au grand voyage de Rome, si désiré, et dont la seule perspective lui redonnait une vigueur nouvelle, car elle allait surtout y faire son Jubilé.

1. Voir appendice, page 350.

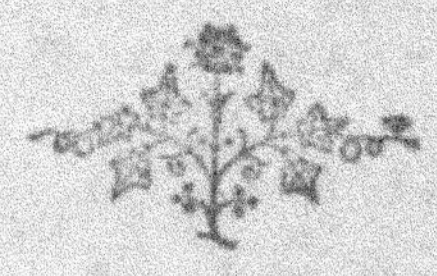

CHAPITRE VI

ROME ET LE SAINT-PÈRE

Le 15 mai, à cinq heures du soir, notre Chère Mère partait, bien heureuse, pour la Ville éternelle. Que de recommandations de fidélité, de générosité et de ferveur ne fit-elle pas au départ à toutes les Sœurs assemblées pour les adieux, afin d'obtenir les grâces insignes qu'elle désirait si ardemment pour la Congrégation.

En partant, notre Chère Mère et sa compagne devaient, à Reims, se réunir à une de nos Sœurs du Val-des-Bois qui était aussi du voyage. Elles passèrent par Dijon, Mâcon, Turin etc. etc. et arrivèrent à Rome le jeudi 17, à 7 heures du matin.

Le 21, une lettre de notre Chère Mère venait réjouir la Communauté. Elle disait qu'elle était arrivée à bon port, qu'elle était depuis quatre jours dans la Ville sainte, quoique bien fatiguée. Elle était bien logée, mais devait, pour atteindre son appartement, monter six étages de douze marches. C'est rude, quand on a déjà passé la soixantaine et qu'on est d'un embonpoint qui sort de l'ordinaire. Elle a si bien reposé qu'elle a pu se rendre chez les Prêtres du Cœur de Jésus [1] pour y entendre la messe.

---

[1] Établis alors au Palazzo Troili, 3 Piazza Compitelli.

Notre Chère Mère ne trouvait pas d'expressions pour parler des églises de la Ville éternelle, elle disait que, nulle part ailleurs, on ne trouve tant de beautés dans la maison de Dieu. On ne peut, disait-elle, se lasser d'admirer la basilique de Saint-Pierre : quatre-vingt-neuf lampes brûlant sans cesse auprès de l'autel, dit de la Confession, où se trouve le tombeau du prince des Apôtres.

A Sainte-Marie-Majeure l'autel se trouve aussi entouré de beaucoup de lampes et, dans la chapelle souterraine, au-dessous de l'autel, se trouvent exposées, entourées de lumières, les planches qui ont servi de crèche à l'Enfant-Jésus. L'or et les lumières rivalisent d'éclat auprès de cet autel. D'ailleurs, dans les églises, on ne trouve que marbre blanc ou de couleur et bronze doré, tout y est d'une richesse éblouissante. De même, à Saint-Jean de Latran, des statues, surtout celles des apôtres et des papes sculptées avec tant d'art ! Enfin, Saint-Paul-hors-les-murs est splendide !

Le 20, notre Chère Mère est allée chez les Bénédictines pour entendre les vêpres qu'elles ont chantées. C'était un véritable délice pour elle, si passionnée pour le chant sacré et pour les offices de l'Église. Jusqu'à sa mort, elle travailla de tout son pouvoir à faire observer les règles de l'office canonial et, à l'âge de 77 ans, elle s'exerçait encore à prononcer le latin selon les nouvelles instructions, se montrant inflexible sur ce point, et répétant qu'on ne pouvait se donner trop de peine pour exprimer le plus correctement possible la langue de l'Église.

Le même jour, elle se rendit au salut chez les Réparatrices, qui ont une chapelle magnifique ; mais là, elle dut se confondre en actions de grâces au souvenir de tout ce que le Cœur de Jésus avait fait pour elle depuis les jours,

si lointains déjà, où torturée, si l'on ose dire, par l'appel
divin, elle suppliait chaque jour son Dieu de lui indiquer
clairement la voie qu'elle devait suivre pour répondre
sûrement à sa vocation.

Tous les matins, elle se rendait, avec ses deux compagnes,
à l'église du Gesu, où se trouve le tombeau du grand saint
Ignace, surmonté d'un autel de toute beauté.

Une seconde lettre, datée du 21, apprenait à la Communauté que Chère Mère était à son quatrième jour jubilaire,
chose étonnante pour elle, qui monte si difficilement les
marches et qui est si peu habituée à ces sorties.

Le 27 mai, on recevait à Saint-Quentin une carte postale
de notre Chère Mère, dont l'absence se faisait sentir ; elle
était datée du 25 et conçue en ces termes : « Un petit mot
seulement de la Ville éternelle. Nous étions hier, pendant
cinq heures, à la basilique de Saint-Pierre, pour la canonisation du Bienheureux Jean-Baptiste de la Salle et de
la Bienheureuse Rita de Cassia. Je ne puis vous en faire
le détail, ce serait trop long ; mais nous sommes brisées de
fatigue. Je ne sais s'il est prudent d'aller encore plus loin ;
cependant la Bienheureuse Marguerite-Marie m'attire.
Je suis contente des visites que j'ai faites pour notre cause.
J'écrirai encore avant notre départ. Nous avons encore
quatre visites à faire aux quatre basiliques. Nous aurons une
audience demain samedi. Mille vivats !

Le 28 mai, notre Chère Mère était reçue en audience
privée par l'auguste Pontife Léon XIII. L'audience devait
avoir lieu à neuf heures et demie, mais il en était bien
dix et demie, quand les privilégiées furent introduites
auprès de Sa Sainteté.

Quand notre Chère Mère s'avança pour baiser l'anneau,
le Saint-Père prit sa main dans la sienne et la garda ainsi

tout le temps qu'il lui parla. Il s'intéressa vivement à son œuvre et témoigna de l'estime qu'il en faisait. En s'informant attentivement de l'esprit de la fondation, il se montra tout bon et tout paternel. Chère Mère conserva de cette visite si précieuse un souvenir ineffable. Quelques mois avant sa mort elle en parlait encore avec bonheur : « La dignité, la majesté du Pape, disait-elle, avait quelque chose de divin. »

Notre Chère Mère lui dit, entre autres choses, qu'elle était venue à Rome pour gagner le Jubilé et solliciter de Sa Sainteté l'approbation de notre Congrégation. Il lui répondit, après avoir fixé notre Chère Mère : « Oui, oui, vous l'aurez, vous l'aurez, mais prenez patience ! » Notre Chère Mère lui dit encore combien notre Congrégation l'aimait et voulait être attachée à la sainte Église et combien nous voulions devenir de bonnes religieuses. Le Saint-Père sourit et répondit : « C'est cela, c'est cela. »

Notre Chère Mère lui présenta encore deux scapulaires du Sacré-Cœur, le Pape les prit dans ses mains augustes, les regarda et les bénit.

Alors, notre Chère Mère se retira, après avoir reçu la bénédiction du Saint-Père pour toute la Congrégation.

Le 2 juin, la sœur puînée (Tante Marie), alors à Rome, prenait la plume pour notre Chère Mère et écrivait à la Communauté que le départ de notre Chère Mère avait été précipité afin de revenir par Lorette : « Chère Mère a quitté Rome, mercredi 30, à midi, pour Ancône ». Les nouvelles sont très bonnes, mais la pieuse délicatesse de Tante Marie laisse à notre Chère Mère le soin de tout narrer, disant modestement qu'elle est impuissante à décrire les bienfaits de ce voyage.

Le jour de la canonisation de saint Jean-Baptiste de la

Salle, notre Chère Mère eut le privilège insigne de baiser
la mule du Saint-Père. Cette faveur fut pour elle seule,
bien qu'elle se trouvât au milieu de 150 à 200 prêtres,
religieuses et même évêques. Elle quitta le Saint-Père,
après avoir reçu sa bénédiction « toute radieuse, mais aussi
calme que si elle fût sortie de sa cellule » écrit Tante Marie,
qui examinait Chère Mère sans qu'elle le soupçonnât.

Le 5 juin, notre Chère Mère se trouvait de nouveau au
milieu de sa chère Communauté de Saint-Quentin. La réception fut abrégée, car notre Chère Mère était très fatiguée,
le repos s'imposait. A regret, elle dut remettre à plus tard,
le récit des impressions ineffables ressenties au cours de
cet intéressant voyage.

Quelques jours après, notre Chère Mère vint présider
la récréation ; elle parla de Rome et des grâces de toutes
sortes recueillies un peu partout.

Notre Chère Mère avait rapporté de son séjour à Lorette
une petite tasse, pauvre et précieuse à la fois, qu'elle avait
fait toucher à celle dans laquelle buvait l'Enfant Jésus,
et une assiette aussi, semblable à celle de la Très-Sainte
Vierge et à laquelle on la fit aussi toucher. Ces deux
objets si chers sont en porcelaine et on a fait entrer dans
leur composition quelque parcelle de la sainte Maison de
Lorette.

Toutes les Sœurs baisèrent, avec un bonheur indicible,
ces deux précieuses reliques d'un nouveau genre, qui
rappelaient le pauvre ménage de la Sainte Famille.

Le 22 juin, fête du Sacré-Cœur de Jésus, fut pour la
Communauté un jour de grâces et, tout particulièrement
pour notre Chère Mère, un jour de bonheur.

La cérémonie de Profession et de Vêture fut présidée
par Mgr de Ramecourt, Monsieur le Chanoine Brancourt

célébra la sainte Messe, le R. P. Déal [1], des Prêtres du Cœur de Jésus, fit le sermon de circonstance sur la manière dont nous devions être hosties avec le divin Cœur de Jésus, hostie dans la sainte Eucharistie ; et quand le saint Sacrifice fut achevé, Monseigneur gravit les marches de l'autel pour nous faire, à son tour, une petite exhortation.

« Je ne veux pas vous entretenir longuement, dit-il, après le discours éloquent et élevé que vous venez d'entendre, mais je tiens à relever, à vous répéter le mot qui afflue aujourd'hui dans l'office : *Vulneratus est propter iniquitates nostras, attritus est propter scelera nostra.* Il a été blessé par nos péchés. Sans doute, il faut s'élever dans les régions hautes qui sont la vie unitive, la vie illuminative ; mais cela est le lot des âmes très avancées dans la sainteté. Il y a aussi la vie purgative qui est le lot commun et qui doit être aussi toujours le nôtre. Nous devons toujours pleurer nos péchés et, n'en eussions-nous commis qu'un seul, toute notre vie ne serait pas trop longue pour le déplorer. Nous sommes tous des pécheurs, des criminels, des misérables ! Commençons donc par pleurer nos propres péchés et pleurons aussi ceux des autres. De nos temps, quels crimes ne se commettent pas ! soit qu'ils s'adressent à Jésus-Christ, soit à son Sacrement, soit à son Nom béni, soit à son représentant visible, le Pape, ou ses ministres. Pour toutes ces causes, nous devons surtout pleurer et nous offrir en réparation à Dieu.

Consacrées au Cœur de Jésus, vous en portez les insignes : la couronne et la croix. Ce Cœur entouré d'épines, surmonté d'une croix et dont les flammes s'échappent, doivent brûler, pénétrer vos âmes, les consumer de charité et du désir de réparer. »

1. Mort missionnaire au Brésil.

En prenant congé de la Communauté, Monseigneur fut là encore très paternel, il quitta, en disant que, s'il se séparait de corps, il restait de cœur avec nous.

Le 24 juin, on offrit les vœux de fête à notre Chère Mère qui réservait le jour du Sacré-Cœur uniquement au bon Jésus. Mais une ombre planait dans cette fête de famille : notre vénérée Chère Mère était bien souffrante ! Cela dura jusqu'au premier Vendredi du mois, jour auquel notre Chère Mère assista à la messe basse, à la grand'messe et même le soir au salut du Très-Saint Sacrement.

Notre Chère Mère présidait de nouveau la récréation, le 9 juillet ; professes et novices étaient réunies. Elle offrit à chacune un chapelet rapporté de Rome et bénit par notre Très-Saint Père lui-même.

Pour la fête de sainte Anne, 26 juillet, notre Chère Mère est venue à la récréation au jardin et l'a prolongée jusqu'à trois heures. Elle nous a recommandé de bien prier, car tout va si mal en ce moment. En Chine, les Boxers ont massacré les missionnaires, les ambassadeurs ; ils veulent exterminer tous les Européens qui se trouvent dans le pays et cela dans des tortures épouvantables. Le Saint-Père a recommandé cette intention.

Notre Chère Mère reprenait, encore une fois, le chemin de l'Alsace, le 20 août, et se dirigeait d'abord sur la Lorraine, à Pépinville, où elle faisait sa première halte.

Le 7 septembre, une bonne lettre, en venant de nouveau réconforter la Communauté, apprit aux Sœurs que ce même jour, premier Vendredi du mois, le Très-Saint Sacrement sera exposé toute la journée dans la chapelle de Pépinville et que cet inestimable bienfait se renouvellera chaque mois.

En revenant de son voyage, plus tôt qu'on ne l'attendait, notre Chère Mère surprenait, le 6 octobre, sa chère Communauté, agréablement surprise de son heureux retour.

Mgr de Ramecourt étant à Saint-Quentin pour le pèlerinage annuel, faisait à notre Chère Mère, le 26 octobre, l'honneur et le plaisir de venir célébrer la sainte messe, à 7 heures, dans notre chapelle. A l'issue de sa messe, il dit quelques bonnes paroles et nous exhorta surtout à entretenir en nous l'esprit de l'année liturgique de la sainte Église et à imiter nos ancêtres qui, contrairement aux chrétiens de nos jours, s'appliquaient à la lecture de la vie des saints.

Après le déjeuner, Sa Grandeur voulut bien encore bénir la Communauté, recommandant la prière, la réparation pour la France, pour le diocèse, tout en nous centralisant sur Saint-Quentin.

Le 21 novembre, clôture d'une retraite féconde en grâces ; elle roula jusqu'au bout sur l'esprit de prière, sur l'intimité que nous devons avoir avec Jésus dans nos actions : intimité confiante, joyeuse toujours, et dont le dernier mot a été : être joyeusement contentes de Jésus, toujours, quoi qu'il arrive, pour que Jésus soit toujours content de nous. Penser toujours comme l'immortel Pie IX, fuyant en exil, qui disait à ses Cardinaux : « Messieurs, qu'avons-nous à craindre ? Dieu est avec nous. »

Le cœur si zélé de notre Chère Mère était aux anges, car en cette même cérémonie du 21 novembre, elle vit s'avancer à l'autel, pour y prononcer les Vœux perpétuels, quatre de nos Sœurs, puis quatre autres pour les Vœux simples et deux postulantes pour la Vêture.

Le discours fut prononcé par le R. P. prédicateur de la retraite, qui exposa avec éloquence, mais aussi avec beaucoup de piété et d'onction, comment une religieuse devait être crucifiée avec son divin Époux pour lui gagner des âmes et quelles étaient les récompenses et les joies de ses sacrifices, sans préjudice du ciel qui lui est assuré si elle demeure fidèle.

La cérémonie fut présidée par Monsieur le Chanoine Brancourt, Supérieur attitré de la Communauté. La journée se termina dans la joie et l'action de grâces, avec la résolution de redoubler d'amour pour le divin Cœur de Jésus, qui se montrait si bon et si prodigue de grâces envers ses Servantes.

Notre digne Supérieur, en quittant la Communauté, le 22 novembre, recommanda aux Sœurs d'être toujours joyeuses. En ce jour de sainte Cécile, il félicita les chanteuses et leur recommanda de *bien chanter* afin d'être toujours *enchantées*. Il était très spirituel et avait souvent de ces bons mots, empreints de piété et de grâce.

Le 9 décembre, notre Chère Mère distribua à toutes les Sœurs des médailles de Notre-Dame de Lorette et des petites feuilles d'admission à la Congrégation universelle de la Maison de Lorette, à laquelle la Communauté devait être inscrite le lendemain, fête de la Translation de la sainte Maison ; notre Chère Mère ayant été constituée zélatrice et autorisée à recevoir les admissions par le R. P. de Malaga, Capucin, Général de la Congrégation.

En revenant de Rome, le 2 juin 1900, notre Chère Mère avait séjourné à Lorette. Le bonheur qu'elle éprouva dans le lieu mille fois béni de l'Annonciation et de l'Incarnation ne peut se traduire. Les témoins de sa prière ont respecté sa ferveur et se sont bien gardé de la distraire dans ses pieux colloques ou plutôt dans cette contemplation intime où elle paraissait oublier qu'elle était de ce monde. Elle demeura à genoux si longtemps, qu'à l'heure du départ, on eut peine à lui faire comprendre que toute félicité avait une fin ici-bas, qu'elle devait reprendre la route de son petit Calvaire : le Thabor étant du domaine de l'éternité !

La belle fête de Noël fut plus solennelle et plus touchante que jamais. Elle avait été précédée de la méditation et des matines chantées. On ne saurait exprimer les pieuses impressions ressenties pendant cette nuit sacrée, que plusieurs consacrèrent à l'action de grâces.

A sept heures, le R. P. Aumônier célébrait deux messes basses et la grand'messe, où il prenait la parole en termes émus et relevés, pour nous dire avec larmes, l'ineffable amour de l'Enfant-Dieu descendu du ciel jusqu'à nous.

Le 1er janvier 1900, fut précédé, comme la fête de Noël, du chant des matines et aussi on y célébra la messe à minuit. Plusieurs Sœurs ont passé de nouveau la nuit en adoration. Il s'agissait de s'immoler sans compter, pour obtenir les bénédictions du Cœur de Jésus sur cette année nouvelle, qui s'ouvre sous les plus tristes auspices : l'horizon est bien sombre pour la sainte Église : l'heure des expulsions va sonner !

Au lieu de faire l'instruction attendue, le 4 janvier, le R. P. Aumônier fit lecture d'une lettre de Notre Très-Saint Père le Pape aux Évêques de France, pour marquer sa profonde douleur de la persécution odieuse qu'on veut faire subir — au nom de la loi — aux religieux et comment les Évêques doivent montrer au monde le mal que la France se fera à elle-même par cette iniquité.

Dans le sermon que nous fit, à la messe solennelle de l'Épiphanie, le Révérend Père qui l'avait chantée, il nous montra d'abord la grâce de notre vocation et ensuite comment nous devions y correspondre, surtout en ces temps d'agitation. Combien les sacrifices étaient nécessaires pour conjurer l'orage et incliner le Cœur de Jésus à la Clémence.

Notre Chère Mère avait décidé que le Jubilé ouvert, le 7 janvier, serait clôturé dans la Communauté le jour de la Purification, afin qu'après avoir rempli toutes les conditions nécessaires, on pût le gagner ce jour-là.

On commença donc, le 17 janvier, à une heure et demie : la récréation devant être raccourcie tout ce temps. On chanta le *Veni Creator*, puis, on dit ensemble les prières prescrites auxquelles s'en ajoutèrent d'autres.

Le 21 janvier, permission fut accordée pour un mois d'avoir deux adorations en plus par semaine. On demande un redoublement de prières pour la France ; c'est en ce jour que le Sénat se réunit pour discuter la loi contre les Congrégations !

Le jour de la fête de la Sainte Famille, 27 janvier, notre Chère Mère avait l'immense consolation de recevoir pour elle, et pour toute la Congrégation, la bénédiction de notre Très-Saint Père le Pape ; elle s'en réjouit fort, car cette bénédiction lui donna bon espoir pour l'approbation.

Pour clôturer le Jubilé, 2 février, fête de la Purification de la Très-Sainte Vierge, grand'messe solennelle et sermon par le R. P. Aumônier. A la récréation, notre Chère Mère nous entretint des dispositions dans lesquelles nous devions nous trouver dans les temps présents, surtout après la grâce insigne du Jubilé.

Quoique bien souffrante, le 10 mars, notre Chère Mère descendit pour la sainte messe et poussa la bonté jusqu'à venir un moment à la récréation. Elle montra et lut aux Sœurs une nouvelle lettre que notre Très-Saint Père le Pape lui avait fait répondre par son Chapelain secret, en remercîment des félicitations que notre Chère Mère lui avait adressées à l'occasion de son anniversaire. Sa Sainteté daigna lui envoyer encore, ainsi qu'à toute la Congrégation, la bénédiction apostolique.

Le 17 mars, notre Chère Mère, qui n'est pas bien remise, s'est encore forcée pour descendre pour la sainte messe, car c'est l'anniversaire de sa première Communion.

Inquiétée par cette indisposition qui se prolonge, la Mère Assistante fit appeler le Docteur. Celui-ci, après avoir recommandé à notre Chère Mère de prendre les plus grands soins, lui intima la défense de sortir de sa cellule, ni de se fatiguer d'aucune manière. Elle dut se conformer scrupuleusement au régime du Docteur.

La fête de l'Annonciation, anniversaire de la naissance de notre Chère Mère, n'eut pas l'éclat ordinaire ; la maladie de la vénérée Mère jeta un voile de tristesse sur toute cette journée. Elle put assister seulement à la première messe et y communier. Ensuite, elle vint donner sa bénédiction à la Communauté réunie, resta un moment à la grand'messe et dut remonter chez elle. Le reste de la journée se passa dans la prière.

Le 1er avril, un peu de mieux s'est manifesté dans l'état de santé de notre Chère Mère, elle eut l'espoir de pouvoir descendre pour le Jeudi-Saint. Quelle privation pour elle de ne pas assister aux offices si émouvants de cette sainte semaine ! Mais avec quel abandon elle accepta ses souffrances pour l'œuvre du Cœur de Jésus et la Sainte Église si persécutée, car elle a appris que la loi contre les Congrégations était votée !

Quoique très faible, notre Chère Mère put, pour sa consolation et celle de toute la Communauté, descendre pour la sainte messe le Jeudi-Saint, 4 avril.

A l'occasion de l'anniversaire de sa naissance, on lui offrit les vœux de fête, le 23 avril, puisque la maladie l'avait retenue chez elle le jour de l'Annonciation. La bonne Mère ravie recommanda aux Sœurs la fidélité, surtout aux devoirs de leur vocation. C'était le seul bouquet de fête qui avait du prix à ses yeux.

Le 12 mai, treize de nos enfants de l'orphelinat de Fayet avaient l'insigne bonheur de faire la première Communion à Fayet, mais notre Chère Mère, trop souffrante encore pour y assister, envoya quatre Sœurs de la Maison-Mère pour rehausser la cérémonie.

Entre temps, la persécution des Communautés religieuses se poursuivait avec une telle intensité que les plus optimistes se préparaient, à toute éventualité, un pied-à-terre à l'étranger, certains qu'ils étaient de se voir, à bref délai, bannis du territoire.

Notre Chère Mère, qui ne pouvait si vite se résoudre à abandonner la patrie, pour le salut de laquelle elle était trop heureuse de se sacrifier, avec sa Communauté, demanda au Ministre des Cultes, l'autorisation de rester en France.

Elle s'abandonna plus que jamais à la confiance, fit multiplier les adorations nocturnes, les prières et les sacrifices pour obtenir du Cœur de Jésus miséricorde pour sa patrie de prédilection.

Malgré son esprit d'abandon, elle prit toutes les mesures que la prudence lui inspirait pour sauvegarder les vocations de France : les autres eussent facilement trouvé un refuge dans nos maisons d'Alsace-Lorraine.

Par l'intermédiaire d'une de nos Sœurs, originaire de Sittard (Hollande), notre Chère Mère apprit qu'une propriété était en vente à une demi-heure de là, à Abshoven. Après avoir fait examiner l'immeuble en question, elle en fit faire l'acquisition à son nom.

CHAPITRE VII

QUAND ON VOUS CHASSERA D'UNE VILLE, ALLEZ DANS UNE AUTRE

Pour plus de sécurité, notre Chère Mère mit tout en œuvre pour préparer à l'étranger une retraite sûre à toute la Communauté, et tandis qu'on faisait les derniers arrangements à Abshoven, on faisait à la Maison-Mère les préparatifs du déménagement ; quand on fut sur le point de s'exiler, notre Chère Mère s'écria soudain : « Je crois que nous ne devrions pas partir ! » Tout était prêt cependant ; les malles, les paniers, les colis de toutes sortes remplissaient les appartements et les couloirs. Notre chère Sœur Marie de la Providence, toujours si dévouée, avait payé de sa personne pour accélérer l'affaire et n'attendait que le moment de prendre la direction du voyage et des pauvres Sœurs exilées volontaires. Chère Mère dit donc à Sœur Marie de la Providence : « Si vous alliez demander à Monseigneur ce qu'il nous conseille de faire, nous regarderions sa parole comme l'expression de la Volonté divine. » Sur ce, la bonne Sœur s'en fut à Soissons ; Mgr Deramecourt la reçut avec sa bienveillance ordinaire, et lui dit avec un bon sourire : Personne ne vous a chassées, n'est-ce pas ?... Moi, j'ai besoin de vous pour la prière et la réparation, ne partez pas, je vous prie !... La bonne Sœur s'en revint toute joyeuse. Cette seule parole modifia complètement les intentions premières de notre Chère Mère, mais comme tout était prêt en Hollande, un convoi emmena seulement quelques Sœurs pour commencer une fondation, comme nous le dirons plus tard.

La maison d'Abshoven fut vouée uniquement à l'adoration perpétuelle du Très-Saint Sacrement. Ce but si noble et si désintéressé trouva un écho fidèle dans le cœur si fervent de Mgr Joseph Drechmans, Évêque de Ruremonde, et ce fut avec un visible bonheur qu'il accueillit Chère Mère dans son diocèse, où, malgré le nombre si considérable de Communautés religieuses, il y en eut si peu qui fissent profession de la vocation de réparatrices, avec l'adoration perpétuelle du Très-Saint Sacrement.

La Très-Sainte Vierge qui tenait à nous établir dans ce diocèse, où elle est tant aimée et révérée sous le titre de Notre-Dame du Sacré-Cœur (titre sous lequel nous nous faisons un bonheur de l'honorer et de la servir) permit que l'affaire se conclût le jour même de l'Assomption.

Trois de nos Sœurs partirent pour Abshoven, le 21 octobre 1901, en la fête de sainte Ursule, qui nous avait accordé, à 34 ans de distance, une protection si précieuse et si visible, qu'elle s'était attaché à jamais tous les cœurs [1].

Le 29 octobre, notre Chère Mère se rendit à Ruremonde et Monseigneur lui accorda, avec une bienveillance marquée, outre l'adoration diurne, l'adoration nocturne pour le jeudi de chaque semaine, laissant percer le désir de voir bientôt l'adoration chaque nuit dans la nouvelle fondation.

Le 31 octobre, (fête de Saint-Quentin) au matin, six

1. Voir page 29.

Sœurs de la Maison-Mère de Saint-Quentin, accompagnées de la Révérende Mère Marie du Cœur de Jésus et de notre chère Sœur Marie de la Providence, sa dévouée collaboratrice dans la fondation nouvelle, se rendirent à Abshoven pour présider aux derniers préparatifs de la bénédiction de la maison, qui devait avoir lieu l'après-midi. Chère Mère allait et venait dans tous les coins pour s'assurer que tout était convenable à une si auguste cérémonie, malgré la pauvreté qui régnait alors partout, réduisant tout au strict nécessaire.

Vers deux heures arrivèrent Monsieur le Doyen de Sittard, le bon Père André Prévot, de douce et sainte mémoire, plusieurs Pères et novices de Leyenbrock, où se trouvait un noviciat des Prêtres du Sacré-Cœur et dont le bon Père André était alors Supérieur, Monsieur le Vicaire de Munstergeleen, qui remplaçait le Curé si digne, mais trop âgé pour se rendre à Abshoven. Tous ces prêtres étaient entourés d'une douzaine de Sœurs, qui formaient la nouvelle Communauté.

Monsieur le Doyen de Sittard procéda à la bénédiction de la modeste chapelle, qui n'était autre qu'un vieux salon transformé, puis des immeubles et des appartements de la maison.

Quand la touchante cérémonie fut achevée et que le clergé fut redescendu à la chapelle, on entonna le *Magnificat* ; tous les cœurs étaient émus de reconnaissance ; Monsieur le Doyen, environné de la couronne de prêtres nommés plus haut, se tournant vers la Mère Fondatrice, qui se trouvait au milieu des Sœurs groupées autour de l'harmonium, appela toutes les bénédictions du ciel sur elle et sur sa chère Communauté et dit d'un ton solennel et attendri : « Ma Mère, vous avez préparé une demeure à mon Dieu, qu'Il soit Lui-même votre éternelle récompense ! »

Le lendemain, fête de la Toussaint, le bon Père André chanta la première Messe et exposa le Très-Saint Sacrement. La joie de notre Chère Mère était inénarrable, mais pourtant il y avait encore une ombre à son bonheur, car le nombre trop restreint des Sœurs ne permettait pas de solliciter de si tôt l'adoration nocturne. C'était pourtant le vœu intime de son cœur, auquel répondait si bien celui de Mgr Drechmans, car il appréciait la vocation de réparatrices, si opportune en ces temps d'irréligion et d'athéisme. Il donnait volontiers son adhésion à toute sollicitation qui avait pour but l'extension de cette œuvre bénie.

Mère Marie du Cœur de Jésus ne voulut pas quitter Abshoven, sans aller auparavant saluer le premier Pasteur du diocèse et offrir de nouveau à Sa Grandeur, Mgr de Ruremonde, ses sentiments de respect filial et de religieuse dépendance. Avec la Supérieure de la maison d'Abshoven, qui l'accompagnait, elles entrèrent chez Monseigneur, juste au moment où Sa Grandeur accompagnait une religieuse jusqu'à la porte d'entrée. Après les avoir introduites, Monseigneur dit en les abordant : « Voilà cette fois un costume religieux ! » Ces aimables paroles firent un extrême plaisir à notre Chère bonne Mère, ce bon mot jeté comme au hasard était un précieux encouragement. Mgr Drehmans ne pensait guère que ce détail avait été pour elle un grand souci, qu'elle n'avait cessé jusque là, pour ainsi dire, de travailler à l'agencement et au perfectionnement du costume, qu'elle devait laisser à sa Congrégation. On peut dire, au témoignage de plusieurs, qu'il portait le cachet de son bon goût, de son esprit religieux et surtout de son extrême modestie.

Notre Chère Mère obtint sans peine que le Très-Saint

Sacrement fût exposé, non seulement chaque jour ; mais encore toute la nuit du jeudi au vendredi. Elle préférait ce jour à tout autre, à cause de l'Heure-Sainte, que le Cœur de Jésus avait daigné demander à sainte Marguerite-Marie. Notre Chère Mère faisait pratiquer cette dévotion dans toutes les maisons de la Congrégation, elle aurait voulu voir tous les jeudis neuf Sœurs réunies au pied de l'autel jusqu'à minuit, mais comme il fallait encore un certain nombre de Sœurs jusqu'au matin, pour faire l'adoration, heure par heure, on dut forcément restreindre le nombre des Sœurs de l'Heure-Sainte, et bien souvent, on dut se contenter de cinq, au grand chagrin de la pieuse Mère !

Notre Chère Mère resta encore quelque temps à Abshoven, pour encourager la petite famille dans le pénible labeur d'une fondation nouvelle. La pauvreté régnait en souveraine dans cet asile béni ; quand on devait se réunir, il fallait parcourir toute la maison de bas en haut, cellules et dortoirs, pour procurer une chaise ou un bout de banc à chacune.

Le dimanche 3 novembre, le bon Père André apportait à la Communauté naissante le bienfait précieux de la bénédiction papale, que notre Chère Mère avait encore la consolation de recevoir quelques instants avant son départ.

Notre bonne Chère Mère rentra de son voyage de Hollande, le cœur rempli des plus douces émotions ; mais de nouveaux soucis l'attendaient au retour, la fameuse loi de 1901 était une épreuve persistante et sensible ; sa confiance pourtant en la sollicitude du Cœur de Jésus, dont elle avait si souvent éprouvé les effets, ne l'abandonnait pas ; mais elle avait à cœur par-dessus tout d'affermir son Œuvre et travaillait de toutes manières à obtenir la suprême approbation du Vicaire de Jésus-Christ.

En 1902, une nouvelle fondation réjouit le cœur de notre Chère Mère. Sur les sollicitations de Monsieur Tischmacher, maire de Rombas, homme de bien s'il en fut, on accorda un groupe de quatre Sœurs pour le soin des malades de cette intéressante population ; cette petite résidence fit aussi partie de la maison de Pépinville, dont elle n'est guère éloignée. En 1919, on essaya de reprendre ces Sœurs, pour remplacer dans la Congrégation les sujets décimés pendant la guerre, mais alors, les pétitions se mirent à pleuvoir. Pour calmer les esprits, l'Évêché crut prudent de conseiller d'attendre, pour mettre ce projet à exécution ; mais on eut la satisfaction de voir à quel point ce bon peuple était reconnaissant aux Sœurs de leur zèle et de leur dévoûment.

Le 15 juin 1903, notre vénérée Chère Mère reçut la bénédiction apostolique du Souverain Pontife, Léon XIII, pour elle et pour toute la Congrégation. Elle ne se doutait guère que c'était la dernière bénédiction qu'elle recevait de l'auguste Pontife. Elle la transmit aux Sœurs avec ce respect pieux et cet attendrissement qui allait croissant, et son émotion fut d'autant plus vive que cette suprême bénédiction portait l'annonce du Bref laudatif, qui arrivait en effet un peu plus tard, et avait été accordé le 23 juin.

On ne saurait dépeindre le bonheur de notre Chère Mère à la réception de ce précieux document, suprême et dernier souvenir de l'auguste Pontife, Léon XIII, qu'elle vénérait si profondément et pleura si sincèrement, lorsqu'elle apprit que le 20 juillet le Seigneur l'avait rappelé à Lui.

Pendant qu'on s'occupait activement de donner un successeur au Pape défunt, on montra un jour à notre Chère Mère le groupe des Cardinaux, duquel devait sortir le futur Pape ; alors les yeux de notre Chère Mère se fixèrent obstinément sympathiques sur S. É. le Cardinal Joseph Sarto, Patriarche de Venise et elle dit en rayonnant : « Voici mon Pape ! c'est celui-ci que je choisis ! » Sa joie fut grande et triomphante quand elle apprit qu'effectivement S. E. le Patriarche de Venise avait été élu, le 4 août, et qu'il devait succéder à Léon XIII, sous le nom de Pie X. Dès lors elle reporta sur son auguste personne le culte qu'elle avait voué à son prédécesseur.

Le 8 août 1904, notre Chère Mère revenait pour quelques jours à Abshoven ; le 10, elle rendait visite à Mgr de Ruremonde, qui lui permettait, entre autres marques de bienveillance, de solliciter à Rome l'autorisation de célébrer, au jour de Noël, la messe de minuit dans le couvent d'Abshoven.

Le mardi 16 août, notre Chère Mère voulut faire une conférence à la Communauté réunie :

« Avant toutes choses, mes enfants, dit-elle, je veux vous recommander de surnaturaliser toutes vos actions, toutes vos œuvres. Il faudrait que pas un acte, pas une pensée, pas une démarche, rien en un mot qui ne fût surnaturel. Une religieuse n'est pas une personne comme une autre : elle n'a pas la même vie, elle a un costume différent ; mais vous, mes enfants, comme victimes, vous avez bien d'autres obligations que les religieuses ordinaires. Au jugement de Dieu vous répondrez non seulement de vos fautes, mais aussi de toutes les âmes que, par votre lâcheté et vos faiblesses, vous aurez privées des mérites qu'elles attendaient de votre vie d'immolation et que vous aurez laissées tomber en enfer par votre négligence.

Soyez, sur toutes choses, fidèles à l'obligation du silence ; ne parlez jamais à deux, sinon pour l'ouvrage, et alors très brièvement, comme la sainte Règle le demande. Ne formez non plus jamais d'amitiés particulières, si vous tombez en quelque faiblesse, allez aussitôt chez votre Supérieure qui, toute créature qu'elle est, est pourtant revêtue de mon autorité, qui est celle même de Dieu, et alors la nature sera aussitôt écrasée. Ne faites pas consister toute votre perfection dans l'extérieur ; mais faites de votre cœur un trône où le Cœur de Jésus puisse résider avec complaisance ; une religieuse qui n'est pas intérieure n'est absolument rien. Soyez des âmes de désir ; et, ne pouvant souffrir beaucoup, désirez beaucoup.

Lorsque j'étais enfant j'aimais à lire et à répéter ces paroles de sainte Gertrude : Que n'ai-je des milliers de cœurs pour vous les offrir, ô mon Dieu !

Nous ne devrions pas passer un seul jour sans multiplier nos désirs. »

Le mercredi 19 août, notre bonne Chère Mère réunissait la petite Communauté après le salut pour les adieux. Elle nous recommanda de graver bien profondément ses recommandations dans nos cœurs, car, disait-elle, les dernières années d'une Mère sont précieuses et on doit faire d'autant plus attention à ses paroles que ce sont les dernières qu'elle prononce. Les Sœurs attendries par ces lugubres prédictions, et faisant réflexion que, sans un miracle du Cœur de Jésus, la santé toujours chancelante de la Chère Mère et ses soixante-sept ans pouvaient bien la rapprocher du terme fixé pour la récompense, se mirent à pleurer, et c'est au milieu de la tristesse la plus profonde que se firent les adieux.

En quittant la salle pour se rendre au réfectoire, apercevant un tableau de saint Louis de Gonzague, elle dit d'un ton affectueux et triste : « Que ne lui ressemblez-vous davantage ! »

Pendant ce repas qui fut le dernier (puisque le lendemain

elle partait pour ses maisons d'Alsace-Lorraine) elle nous parla longuement de la vierge Flora, dont elle faisait la lecture depuis quelques jours et, nous encourageant au sacrifice, elle nous disait que les martyrs avaient aussi senti la souffrance et que Flora, près d'être livrée aux bêtes, et ne sentant plus l'ardeur qui l'avait embrasée jusque là, s'écriait : « Qu'il est pénible de mourir ! »

Le 20 mai 1905, notre Chère Mère revenait de nouveau à Abshoven ; elle arrivait à six heures du soir très fatiguée. Au cours de sa visite elle recommandait entre autres aux Sœurs, de dire attentivement, régulièrement et pieusement la salutation d'usage, en se rencontrant : *Cor Jesu suavissimum !* « Si nous pensions, dit-elle, que nous saluons le Cœur de Jésus qui vit dans cette Sœur, et qu'elle l'a reçu comme nous le matin, avec quel amour et quelle révérence nous dirions notre *Cor Jesu suavissimum !* et ainsi nous multiplierions les indulgences, pour effacer nos fautes passées et pour soulager les pauvres âmes du purgatoire. » Que de fois recommanda-t-elle cette salutation en usage dans la Congrégation ! A la veille de sa mort, elle insistait encore sur la ferveur et l'attention avec lesquelles on devait la dire en se rencontrant.

En juin 1905, aussitôt après la retraite, notre Chère Mère réunit un Chapitre général, pour revoir les Constitutions et pour l'élection de plusieurs sujets aux charges majeures.

Le 3 juillet 1906, une nouvelle retraite ramenait notre vénérée Chère Mère dans sa chère maison d'Abshoven. Tous les jours elle exhortait les Sœurs à une vie plus fervente. Ses paroles étaient empreintes de bonté et de fermeté. On admirait la lucidité de son esprit, son jugement si prompt et si juste, mais, surtout, sa grande condescendance pour les fautes de fragilité, quand on les avouait avec simplicité et humilité.

Le jeudi, jour de la clôture de la retraite, toutes les Sœurs renouvelèrent leurs Vœux ; quand, après la sainte messe, on se rendit au réfectoire pour le déjeuner, notre Chère Mère dit d'une voix émue : « Vous voilà toutes purifiées !... oh ! que j'étais heureuse tout-à-l'heure ! J'ai senti que Jésus était là avec son Cœur brûlant d'amour et qu'il vous accordait à toutes de grandes grâces ; soyez désormais bien fidèles, surtout aux résolutions de la retraite. »

Le dimanche suivant, notre Chère Mère fit une conférence sur la persévérance ; elle rappela la parabole de l'Évangile du démon chassé, qui revient avec sept autres démons plus méchants que lui. « C'est ce malheur, dit-elle, qu'il faut à tout prix éviter. Le démon cherche à pénétrer notre côté faible. Il faut donc sans cesse veiller, prier et lutter par l'arme si puissante de l'examen particulier et surtout par la pratique d'une obéissance parfaite à l'autorité établie. Nous devons aussi être fidèles à réciter le saint Office avec exactitude et ferveur ; nous sommes les *commissionnaires* de la Sainte Église, si nous remplissons bien notre commission, nous attirons des grâces sur la sainte Église ; sinon, nous nous exposons à la colère divine. »

Le mardi suivant, bien qu'elle dût partir dès sept heures du matin, notre Chère Mère voulut encore venir à l'oraison et elle ajouta ces quelques paroles qui sortaient de son cœur embrasé du plus pur amour : « Nous devons avoir un désir ardent de plaire à Jésus et une crainte terrible de Lui déplaire. Celui qui aime fait bien ce qu'il fait : l'enfant qui aime son père et sa mère n'évite pas seulement les grandes fautes qui l'exposeraient à être chassé de la maison paternelle, mais il évite les moindres imperfections, pour prouver son amour à ses parents. » Ce furent les dernières paroles que notre Chère Mère prononça avant son départ ; en donnant sa bénédiction aux Sœurs, elle leur recommanda d'être bien unies entre elles.

Le 6 novembre 1906, s'éteignait, à l'orphelinat Notre-Dame de Fayet, une de ces bonnes âmes qui font le bonheur de ceux qui les entourent ; la jeune Sœur Marie-Raphaël, d'une famille patriarcale d'Alsace et confiée de bonne heure à notre Chère Mère, afin qu'elle pût, au contact des Sœurs, s'initier à l'esprit de la Congrégation. En annonçant cette nouvelle épreuve aux différentes maisons, notre Chère Mère écrivait : « Comme elle était douce, patiente et reconnaissante pendant sa maladie, et que sa mort a été édifiante ! Elle a si bien accepté toutes ses souffrances ! Elle disait souvent : je souffre, mais je suis heureuse ! et à ses derniers moments elle répétait constamment : Jésus, je vous aime. Jésus, venez me chercher ?... Oh ! Il est là, il est là à la porte ; Jésus, je viens ! vite ! vite ! alors un sourire céleste illumina son visage et sa belle âme s'envola vers l'éternelle patrie. » La Congrégation fit une grande perte en ce sujet de si grande espérance par son intelligence rare et son naturel si heureux [1].

Le 8 janvier 1907, notre Chère Mère écrivait en ces termes à la petite Communauté d'Abshoven : « Si je ne vous ai pas adressé plus tôt les vœux que je forme pour vous toutes pour cette année 1907, c'est que j'avais un surcroît d'occupations à cette époque, et à cela notre bon Jésus a ajouté de nombreuses sollicitudes et des épreuves bien sensibles à mon cœur par la mort de plusieurs de nos Sœurs. Mais profitons de toutes ces morts qui se succèdent depuis

---

1. Pour plus de détails, voir à l'appendice, page 210.

l'année dernière, non sans un dessein divin, qui doit attirer des grâces sur la Congrégation, laquelle a besoin de répondre enfin au but pour lequel elle a été fondée. Pour cela il faut que Jésus soit mieux connu et aimé, que ce Jésus qui a voulu que nous nous consacrions à son divin Cœur dans un esprit de réparation et d'amour, vive dans nos cœurs, occupe sans cesse notre esprit, soit l'objet de nos pensées et de nos désirs et que nous n'ayons plus d'autre volonté que de lui plaire, de le consoler, de nous immoler tout entières à sa Volonté sainte et par amour.

Mais que d'obstacles, hélas ! nous mettons encore à la vie de Jésus dans notre cœur !... Une parole qui se trouve dans l'Évangile de saint Jean, que le prêtre lit après la messe : *Il est venu dans son héritage, chez les siens ; mais les siens ne l'ont pas reçu...* peut nous être appliquée encore bien souvent. Jésus vient en effet chez nous, surtout chez nous, âmes consacrées. Il y vient par la sainte Communion, et si souvent ! Il y vient par la manifestation de sa Volonté divine en nous, laquelle nous est manifestée par nos saintes Règles, par nos Supérieures, par les événements et toutes ces Volontés divines sont le plus souvent pour nous occasion d'un renoncement, d'une humiliation, d'un reproche, d'une mortification, d'une croix plus ou moins lourde pour notre nature, pour notre cœur. Eh bien, tout cela est voulu par Dieu, c'est Jésus qui vient à sa créature, à son épouse et Il frappe à la porte de son cœur, comme il est dit au Cantique des Cantiques : *Ouvrez-moi, ma sœur, mon épouse, ma bien-aimée, ouvrez-moi...* Et, si nous faisons la sourde oreille, si, au lieu de répondre à cet appel divin, nous résistons, en n'acceptant pas ce qui est contraire à notre mauvaise nature, alors nous refusons à Jésus l'entrée dans notre cœur et nous perdons cette grâce qui fait vivre

Jésus en nous et qui nous donne, si nous sommes fidèles, le sentiment de sa présence. Aussi vous pouvez être persuadées, mes chères filles, que, si vous vous sentez troublées parce que cette présence ne se fait plus sentir dans votre âme, c'est que vous avez fait d'une manière ou d'une autre ce qu'ont fait les habitants de Bethléem. Et cela vous arrive surtout si vous manquez à l'obéissance, à la soumission de votre volonté, de votre jugement envers vos Supérieures. Il faut donc redoubler de prière cette année afin que Jésus vive en vous par la fidélité à la grâce et votre généreuse et aimante acceptation de ce qui est contraire à la nature, laquelle s'oppose au sacrifice de nous-mêmes à Dieu.

Que le Cœur de Jésus vous bénisse toutes. »

Votre Mère aimante et dévouée,

Mère Marie du Cœur de Jésus.

COUVENT DE DAUENDORF (Bas-Rhin).

CHAPITRE VIII

NOUVEAU SÉJOUR A ROME

Notre Chère Mère se réjouissait toujours à la pensée de revoir Rome et, au commencement de mai 1907, elle reprenait le chemin de la Ville éternelle, le seul voyage qui ne la fatiguât jamais, disait-elle, tant elle aimait la sainte Église et le Souverain-Pontife.

Le 19 mai, notre Chère Mère se trouvait aux pieds de Sa Sainteté Pie X et sollicitait instamment de sa bienveillance suprême, l'approbation définitive de son cher Institut, l'objet de ses vœux les plus ardents. L'aimable et saint Pontife lui donnait, avec ses témoignages d'estime, l'assurance de son puissant et paternel appui.

Le 20 mai, lundi de la Pentecôte, notre Chère Mère envoyait de Rome une carte-vue de la place Saint-Pierre, sur laquelle, à la hâte, elle avait tracé ces lignes : « De la Ville sainte mes souvenirs et prières vont vers vous toutes pour la belle fête de la Pentecôte : que l'Esprit-Saint descende dans vos âmes et les embrase de son divin amour ! Priez pour votre pauvre Mère, qui va assez bien, priez pour elle et à toutes ses intentions ! »

Le 25 mai, s'éteignait pieusement à Dauendorf notre chère Sœur Marie des Sept Douleurs ; son nom si populaire et sa mémoire si vénérée ne permettent pas de laisser dans l'ombre cette précieuse existence [1].

Le 7 juin, fête du Sacré-Cœur, Mgr Péchenard venait présider à la Maison-Mère de Saint-Quentin une cérémonie de vêture, de profession et de Vœux perpétuels, à la grande joie de notre Chère Mère qui l'avait invité lors de sa première tournée pastorale.

Monseigneur appréciait beaucoup l'esprit qui animait notre Chère Mère ; il lui recommandait avec une grande confiance tous les intérêts qui lui tenaient le plus à cœur ; surtout le recrutement des prêtres. Avec son âme si apostolique, il eût voulu renouveler la face de son diocèse. Il ne pouvait cacher la souffrance qu'il éprouvait, en voyant tant de villages privés de pasteurs. Ces deux cœurs, Monseigneur et Chère Mère, se comprenaient si bien ! Ils ne se séparaient jamais sans un renouveau d'espérance.

Le 16 juin 1907, eut lieu une cérémonie inoubliable, c'était le vingt-cinquième anniversaire des Vœux perpétuels de la R. M. Marie du Cœur de Jésus et de son Assistante, Mère Marie de saint Ignace. Mgr Péchenard présida cette fête de famille, environné d'un certain nombre de prêtres, amis de la Communauté.

Après avoir entonné le *Veni Creator*, Monsieur le Chanoine Mercier, alors Aumônier de la Communauté, bénit les couronnes d'argent qu'il plaça sur la tête de la vénérée Fondatrice et de sa compagne, au chant du *Veni sponsa Christi*. Agenouillées au milieu du sanctuaire, les deux héroïnes de la fête renouvelèrent de tout cœur leur complète donation et lurent à haute voix la formule des Vœux perpétuels.

1. Sœur Marie des Sept-Douleurs, page 202.

Monsieur l'Aumônier prit pour texte de son allocution
les paroles de l'office du jour, si bien appropriées à la circonstance : « Le Seigneur est ma force et mon salut, qui
craindrai-je ? » Il développa la confiance d'une âme en son
Dieu. Il montra successivement Dieu séparant cette âme
pour l'enseigner, la conviant à la vie religieuse, et lui montrant la multitude d'âmes qui demeurent loin de Lui.
Comme à saint Pierre il commande : « Éloigne-toi du rivage !
ensuite : « Va plus loin ! » enfin : « Va en pleine mer ! » dans
les eaux profondes où il n'y a plus que Dieu. « Lorsque l'âme
est bien enseignée, bien formée, elle produit les œuvres
du ciel. C'est alors que Dieu agit pleinement en elle, et
il en résulte pour l'âme un abandon total : c'est une vraie
donation, cela fait qu'elle devient un instrument docile
entre ses mains.

Au bout de quelques années elle repasse tout ce qui
s'est accompli et retrouve partout la main de Dieu, qui
s'est servi d'elle-même, de ses misères, de ses fautes même
pour en tirer sa gloire.

Parfois Dieu semble s'éloigner, mais Il ne l'abandonne
jamais. Il n'est pas loin, Il la soutient. Mais alors, quelle
reconnaissance en cette âme quand elle reconnaît les bienfaits de Dieu à son égard !...

Elle souffre pour Dieu qui lui en donnera la récompense
par le bonheur éternel. Nous pouvons dire ici-bas avec
foi, mais nous ne comprendrons que dans le ciel qu'il n'y
a rien de comparable entre notre donation et la gloire que
Dieu nous réserve en retour !

Si elle tombe en quelque faute, ce n'est pas parce qu'elle
n'aime pas assez, mais c'est par pure faiblesse humaine.
Alors l'âme se tourne vers son Dieu et lui dit avec un profond regret : « Mon Dieu, pardonnez ces fautes, ces erreurs

commises à votre saint service, venez à mon secours !...
afin que tout soit fait pour votre plus grande gloire et que
vos ennemis ne disent pas : Où est donc le fruit des dons
de Dieu en cette âme ?

Dès lors Jésus-Christ, qui est tout pour cette âme, vie,
force, lumière, direction, opère des miracles entre ses mains.
Et, considérant les grâces déjà obtenues, l'âme continue
à marcher en pleine confiance et toujours !...

Tels sont les sentiments qui doivent remplir nos cœurs
en ce jour, mes chères Sœurs, demandez-les pour vous
et pour vos Mères... Que leur œuvre continue et subsiste
pour la gloire de Dieu et le salut des âmes, en une parfaite
conformité à la Volonté divine... Aujourd'hui, demain,
toujours ! conformité pleine d'amour, qui doit distinguer
les Servantes du Cœur de Jésus ! Servir Dieu avec un
dévoûment sans bornes ! Ne mettre aucune limite dans
votre générosité envers sa bonté miséricordieuse pour vous,
rester en un mot toujours fidèles à notre cher esprit d'abandon. »

Après la sainte Messe, on se réunit dans la vaste salle
du patronage pour offrir à notre Chère Mère et à sa digne
compagne les vœux de sincères félicitations et surtout pour
leur exprimer la profonde reconnaissance qui débordait
de tous les cœurs !

En un langage ému et solennel, notre Chère Mère rappela
aux Sœurs les grandes grâces que Dieu avait faites à la
Congrégation et la fidélité plus complète que désormais
Il attendait de ses épouses. Elle les exhorta vivement à
redoubler de générosité et d'ardeur pour obtenir l'approbation définitive de la sainte Église pour la Congrégation.

Après ses encouragements maternels, la vénérée Mère
donna à toutes ses filles, tant absentes que présentes, la

bénédiction que lui avait accordée pour elles notre Très Saint Père le Pape.

On chanta ensuite trois fois le verset en usage et si cher à toute la Congrégation : *Misericordias Cordis Jesu in aeternum cantabo !* etc., etc. Le reste de la journée se passa dans les sentiments de pieuse et vive allégresse qui faisaient vibrer tous les cœurs à l'unisson. Le visage de notre Chère Mère rayonnait d'un bonheur céleste : c'était déjà le centuple promis à ceux qui quittent tout pour suivre le Seigneur !

Le 28 juin 1907, notre Chère Mère partait de nouveau pour Abshoven, emportant le bonheur intime de son dernier séjour à Rome. Elle raconta avec une joie profonde (qu'elle ne cherchait pas à dissimuler), l'heureuse émotion qui l'avait saisie à la vue de notre Très-Saint Père le Pape Pie X et la satisfaction qu'elle avait ressentie de pouvoir lui parler et de recevoir ses encouragements. Elle dit ingénument comme elle avait été bien reçue par tous les cardinaux et prélats où elle avait dû se rendre pour traiter les affaires de la Congrégation. « Nous avons été reçues, dit-elle, comme des enfants de la famille ; on eût dit que partout nous étions attendues. Nous avons constaté à Rome un esprit surnaturel comme il n'y en a nulle part !... C'est le centre de l'Église, on y respire une atmosphère de piété provenant de la présence du Très-Saint Père, des princes de l'Église et du souvenir de tant de martyrs dont les reliques reposent là. Il est bien vrai de dire que Rome est le plus grand reliquaire du monde. »

Notre Chère Mère s'est efforcée de faire comprendre l'importance des petites choses, elle a répété plusieurs fois ce passage du saint Évangile : « *Il a bien fait toutes choses !* » Puisque Jésus est venu sur la terre pour nous donner l'exemple, nous devons donc l'imiter et faire aussi bien que possible tout ce que la sainte obéissance nous ordonne de faire.

Elle avait remarqué, en montant l'escalier, que la fenêtre n'avait pas été époussetée. Elle en profita, pour faire remarquer que chez les grands de la terre on doit faire tout avec le plus grand soin. « Mais alors, dit-elle, quand il s'agit de la maison de Dieu... »

Notre Chère Mère recommanda aux Sœurs de prendre garde de se laisser aller à une vie naturelle et commode. En vivant de la sorte, dit-elle, vous ne seriez plus des religieuses, et même, parmi les personnes du monde, il y en a qui vivent bien saintement et qui au ciel, seront placées plus haut que beaucoup de religieuses.

Notre Chère Mère a encore recommandé de faire grand cas du point de la sainte Règle qui ordonne de se saluer réciproquement par le salut usité.

Le 9 juillet, clôture de la retraite, et le 12, notre Chère Mère quittait Abshoven, après avoir choisi l'emplacement de la nouvelle chapelle et mis tout en œuvre pour son prompt achèvement.

Le 21 août 1907, Notre Très-Saint Père le Pape Pie X accordait officiellement l'approbation tant désirée (elle avait été décrétée dès le 4 août, à la réunion des Cardinaux).

Par une coïncidence admirable de la bonté du Cœur de Jésus, cette faveur suprême nous était accordée pour la fête de sainte Jeanne de Chantal, déjà si vénérée dans la Congrégation, comme étant la Mère spirituelle de sainte Marguerite-Marie, une des premières et principales Patronnes de notre Ordre.

De ce jour la fête de sainte Jeanne de Chantal fut célébrée avec une magnificence inconnue jusque-là et notre

Chère Mère ordonna que chaque anniversaire fût célébré de même dans toutes les maisons de la Congrégation.

En juin 1908, notre Chère Mère convoqua de nouveau un Chapitre général. Elle déposa sa charge et pendant huit jours, ce fut son Assistante Mère Ignace qui fut de fait, Supérieure. Quand on venait près d'elle solliciter une permission quelconque, notre Chère Mère disait aimablement : « Je ne suis plus rien, adressez-vous à Mère Ignace. » Mgr Péchenard présida la séance solennelle d'élection. Notre Chère Mère fut élue à l'unanimité des suffrages, Supérieure Générale pour la vie. Assise dans un fauteuil, disposé pour la circonstance au milieu de la salle, notre Chère Mère assistait avec une émotion profonde à cette cérémonie, qui mettait visiblement sa modestie à la torture.

Quand les élections furent achevées, Monseigneur remit les clefs à notre Chère Mère et chacune s'avança pour lui baiser la main en signe de soumission ; elle ne le souffrit pas et présenta seulement l'annulaire de la main gauche, qui permettait à chacune de baiser l'anneau de sa Profession perpétuelle.

Le 16 juillet 1909, notre Chère Mère revenait dans sa chère maison d'Abshoven. En conversation, elle rappela ces quelques mots prononcés par un R. P. Jésuite dans une retraite : « Vous n'êtes pas des religieuses si vous ne savez pas accepter en silence une remarque que l'on vous fait ; s'il arrive qu'on ne l'ait pas méritée, il faut l'accepter en esprit de victime ; si nous voulons constamment nous justifier sur cette terre, nous ne le serons pas dans l'autre vie. »

Il y avait déjà deux ans que notre Chère Mère n'était pas venue à Abshoven, les souffrances physiques, surtout les douleurs morales l'avaient beaucoup vieillie. Elle se sentait baisser et dit à plusieurs reprises : « Je ne sais comment je suis arrivée à 72 ans !... Je le sens cependant dans mon corps, mais mon âme a toujours la même ardeur. » Et, parlant de son enfance : « Je vois seulement maintenant comment Jésus m'a préparée à ma vocation ; particulièrement en me donnant l'attrait de la prière. Ainsi, quand j'accompagnais ma tante à l'église et qu'elle voulait partir, je lui disais : pas encore !... pas encore !... Et, à la maison, je me cachais dans une alcôve pour faire mes prières, on me cherchait dans toute la maison et finalement on me trouvait là dans ma cachette. »

Lorsque je communiais je tâchais de sortir de l'église après tout le monde, j'allais ensuite sur un monticule, d'où l'on avait une vue superbe et là, contemplant la belle nature, je continuais mon action de grâces ; en rentrant, ma mère me disait : « Tu reviens bien tard, Oliva ?... Où es-tu restée si longtemps ?.... alors je répondais que j'avais fait une promenade et contemplé la belle nature. Le bon Dieu m'a fait aussi cette grâce d'agir toujours avec une intention pure, quand même je savais que tout le monde ne m'approuvait pas.

Le 26 juillet, notre Chère Mère fit une conférence et attira l'attention des Sœurs sur la fidélité dans les petites choses : « Jésus, dit-elle, a bien fait toutes choses ! » c'est bien marqué dans l'Évangile ; pour moi, je ne peux comprendre comment on peut faire les choses à moitié ! »

Le 27 juillet, la journée étant belle, notre Chère Mère est sortie pour la première fois. Elle est allée d'abord au cimetière, où elle a beaucoup prié pour nos Sœurs défuntes ; puis, elle s'est rendue sous le sapin séculaire, « au rond-point » où se réunissent les Sœurs pour la récréation ;

ensuite, on l'a installée dans la petite voiture et les Sœurs l'ont promenée avec bonheur à travers la prairie. Cela faisait penser à la sainte Mère Barat ; on en fit la remarque à notre Chère Mère qui en éprouva un réel plaisir car elle vénérait la sainte Mère Barat et était heureuse de lui ressembler, au moins dans cette circonstance et si peu que ce fût.

Elle avait bien d'autres points de ressemblance avec la sainte Fondatrice des Dames du Sacré-Cœur ; comme elle, elle était bienfaisante pour tous, et ne savait ce que c'était que la rancune. Elle disait franchement sa façon de penser, mais ne gardait rien sur le cœur. On le savait si bien qu'on n'hésitait pas à revenir près d'elle, quand on avait été repris ou humilié, on sentait toujours le cœur quand elle reprenait, même sévèrement ; elle n'agissait jamais sous l'empire de l'impatience, toujours le devoir la guidait ; elle se possédait pleinement.

D'une modestie très rare, elle ne fixait jamais personne, même quand elle faisait des conférences à la Communauté, elle avait toujours les yeux baissés.

Elle était, nous l'avons dit déjà, magnanime en tout ce qu'elle faisait. Jamais l'intérêt ne la guida. Quand, par exemple, certains temps étaient consacrés à la pénitence, soit par le jeûne au pain et à l'eau, ou autre renoncement, le budget n'en profitait pas, car, au lendemain de ces abstinences qui préparaient ordinairement une fête, elle faisait servir, avec une satisfaction visible, des mets plus délicats et plus abondants.

Une postulante arrivée depuis peu, ayant reçu au parloir la visite de sa famille, se mit à parler de notre Chère Mère avec une admiration ingénue. Elle raconta avec quelles attentions maternelles et quels soins délicats elle parvenait à adoucir les premiers moments, toujours si douloureux, de la séparation. « Mais enfin, dit la mère de la postulante, quelque peu piquée dans son amour maternel, explique-nous donc le caractère de la Chère Mère, il me semble que tu l'aimes plus que moi ?... « Chère Mère, répondit vivement la jeune fille, elle est royale ! » Elle n'avait rien trouvé de mieux pour peindre la grande âme de la Révérende Mère Marie du Cœur de Jésus.

CHAPITRE IX

ADIEUX A LA VILLE ÉTERNELLE

Le lundi 6 juin 1910, notre Chère Mère entreprenait de nouveau le cher voyage de Rome. Partie de Paris à 10 heures du soir, elle passa dans le train toute la nuit et la journée suivante. Dans la nuit du mardi au mercredi, on insista pour qu'elle prît un peu de nourriture, étant donné son âge et son état de santé toujours si précaire. Mais elle persista dans ses refus et, sa ferveur la soutenant, elle eut l'ineffable bonheur de faire la sainte Communion le mercredi matin, tandis que ses compagnes de route, bien plus jeunes qu'elle, s'en voyaient privées pour avoir dû rompre le jeûne, en raison de la fatigue du voyage.

Le 18 juin, Son Éminence le Cardinal Ferrata, Protecteur de la Congrégation, s'empressa de faire savoir à notre Chère Mère que le livre de nos Constitutions était approuvé. Cette heureuse surprise lui causa un inexprimable plaisir. L'approbation des Constitutions fut alors accordée pour sept ans.

Le 22 juin, Chère Mère fut reçue en audience par Notre Très-Saint Père le Pape. Après lui avoir offert son hommage filial, elle le remercia avec effusion de la faveur obtenue, le 18. « Oui ! répondit avec bienveillance le Saint Père, mais maintenant il faut observer les Constitutions. Il faut prier pour la sainte Église, pour la France. La France est bonne, mais le gouvernement est bien mauvais, etc. »

Notre Chère Mère exprima humblement ses désirs de voir hâter la canonisation de la bienheureuse Marguerite-Marie. Alors le Très-Saint Père, avec un fin sourire, lui répondit : « Oui, mais qu'elle fasse ses miracles et je la canoniserai. »

Puis, apercevant que la Sœur qui accompagnait notre Chère Mère tenait dans sa large manche un objet mystérieusement caché, avança la main et lui dit : « Qu'est-ce que vous avez là ?... donnez, donnez, dit-il. » C'était la photographie de l'auguste Pontife.

Alors notre Chère Mère la lui avança, en lui disant qu'elle sollicitait de Sa Sainteté la faveur d'une signature et, se mettant simplement à son bureau, Pie X écrivit : « A nos chères filles, les Servantes du Cœur de Jésus, avec les vœux que je forme pour qu'elles soient toujours bonnes, et que, par leurs prières, elles attirent sur la société toutes les bénédictions du ciel et, pour ce, je leur donne de cœur ma bénédiction apostolique. »

(signé) PIE X.

Notre Chère Mère ayant demandé une bénédiction particulière pour les Sœurs malades, le Saint Père répondit avec bonté : « Tout béni ! tout béni ! » et comme elle lui présentait un scapulaire du Sacré-Cœur tel qu'on les porte dans la Congrégation, le Saint Père le prit dans ses augustes mains, le tourna et le retourna ; le lui rendant ensuite, il dit : « Oui, bénit, et vous pouvez le propager. »

Au cours de cette même visite, le vénéré Pontife, sur le désir de notre Chère Mère, qui voulait obtenir une indulgence, la pria de s'adresser à la Congrégation des Indulgences qui lui fit répondre un peu plus tard qu'une indulgence de 100 jours lui était concédée pour toute la Congrégation aux deux invocations usitées : « *In Te, Cor Jesu, speravi, — non confundar in aeternum* » et « *Misericordias Cordis Jesu — in aeternum cantabo !* » mais une fois par jour.

Ayant appris par certaines feuilles religieuses que plusieurs personnes avaient obtenu leur guérison par l'attouchement de quelque objet ayant appartenu au vénérable Pontife, elle désirait rapporter un souvenir qui lui eût appartenu. Elle le lui dit simplement et, avec la même simplicité, le digne Pontife lui répondit qu'elle devait pour cela s'adresser aux religieuses qui prenaient soin de son linge. Elle ne se le fit pas répéter, et c'est avec un bonheur incroyable qu'elle rapporta à la Communauté de Saint-Quentin un amict et des purificatoires, dont le Souverain Pontife s'était servi pour les divins Mystères, et qu'elle conserva comme des reliques jusqu'à la fin de sa vie, les faisant baiser de temps en temps à la Communauté, en rappelant alors la bienveillance et la simplicité du Saint Père.

Au sortir de l'audience, elle ne pouvait contenir l'expression de son bonheur et elle disait aux gardes du Vatican, qu'elle rencontrait çà et là sur son chemin : « Nous avons vu le Saint Père !... Nous avons vu le Souverain Pontife !... » à ce point que les sœurs qui l'accompagnaient en étaient un peu gênées. Mais c'était une exubérance bien compréhensible, elle eût voulu faire partager à tous sa joie profonde et les grâces si précieuses et si nombreuses dont elle avait été comblée dans cette nouvelle audience.

Le Saint Père les avait bénies trois fois et aussi trois fois il leur offrit son anneau à baiser. Il avait aussi béni et touché chapelets, images et médailles que notre Chère Mère lui avait présentés : il était si accueillant !

Ce fut le dernier voyage de notre Chère Mère à Rome ; elle forma bien souvent, pendant sa dernière maladie, le désir d'y retourner ; mais les événements de la guerre abrégèrent, sans aucun doute, la précieuse existence de Pie X et altérèrent sensiblement les facultés de notre Chère Mère, qui déclina rapidement après la mort du Souverain Pontife (20 août 1914).

En ce même mois de juin 1910, pendant son séjour à Rome, et à l'instigation du Cardinal Vivès, notre Chère Mère fit les démarches nécessaires et obtint pour la Congrégation tout entière toutes les indulgences du Tiers-Ordre franciscain (dont cependant elle ne fait point partie) ainsi que la grande indulgence de la Portioncule dans toutes les chapelles de la Congrégation et pour tous ses sujets présents ou futurs. L'indult fut signé par le R. P. Renault, Procureur des Capucins.

Le 21 juin 1910, notre Chère Mère se rendit à l'église de Saint-Ignace pour y vénérer pieusement saint Louis de Gonzague, pour lequel elle professait depuis sa jeunesse une dévotion toujours croissante.

Dans l'église, des jeunes gens, vêtus en pages, comme on représente ordinairement saint Louis de Gonzague, distribuaient à la foule empressée des images du saint. Notre Chère Mère s'avança, en toute simplicité, pour recevoir une image, qu'elle présenta, le lendemain 22, à la bénédiction du Saint Père, heureuse de rapporter ce précieux souvenir à la Sœur qui avait l'honneur de porter ce même nom.

Ces pieux souvenirs de notre Chère Mère avaient pour but de provoquer parmi ses filles la dévotion des saints ou saintes qu'ils représentaient. Mais elle n'aimait pas qu'on s'y attachât.

C'est un exemple entre mille de la délicatesse et de la bonté de son cœur. Elle l'avait si large qu'elle avait toujours la main ouverte pour donner, et, à chacun de ses voyages, il lui fallait toujours rapporter à chaque Sœur un petit souvenir.

Pour entretenir la charité mutuelle, elle tenait à ce que les Sœurs s'offrissent réciproquement une image, le jour de leur fête ; mais elle avait le singulier talent de deviner ce qui, ayant déjà l'avantage de plaire, pouvait par la suite former une attache et nuire à le perfection du pur amour.

Les religieuses ne pouvaient disposer de ces images reçues, qui devenaient parfois assez nombreuses, sans venir quelques jours après leur fête, lui montrer leur chère récolte. Mais si par malheur, il y en avait une ou plusieurs auxquelles elles s'étaient déjà attachées, elles étaient sûres d'avance que sa perspicacité ne s'y tromperait pas, et tout en feignant une admiration exagérée pour ces images préférées, elle les obligeait en quelque sorte à les lui offrir de bon cœur ; aussi, avant d'entrer chez elle, avait-on bien soin de faire son sacrifice au complet !

Malgré le dépérissement de sa santé, notre Chère Mère reprit le chemin d'Abshoven, les premiers jours du mois d'août 1910. Elle arriva à 10 heures du soir et trouva les Sœurs bien occupées aux derniers préparatifs de la bénédiction de la nouvelle chapelle, élevée à la gloire du Sacré-Cœur de Jésus, dans ce pays qui lui était cher et que son grand zèle ne doutait pas de voir un jour revenir à la foi catholique. Ce qu'elle pria et fit prier pour la petite Reine Wilhelmine !... Elle désirait la voir embrasser notre sainte Religion, et, avec elle et par elle, ramener à la vraie foi le reste de ses États.

Le 10 août, à 7 heures du matin, la Communauté assista

pour la dernière fois à la sainte Messe dans la petite chapelle provisoire, en esprit de réparation et d'actions de grâces. On pria avec ardeur le bon Jésus de venir prendre possession de son nouveau et plus digne sanctuaire.

Vers les 8 heures, on se réunit dans le nouveau parloir pour recevoir Mgr Drehmans, Évêque de Ruremonde.

Sa Grandeur fit son entrée d'un air aimable et bien-veillant, notre Chère Mère lui souhaita la bienvenue et au compliment d'usage Sa Grandeur répondit quelques mots, promit de revoir la Communauté dans le courant de la journée et manifesta le désir de commencer de suite la cérémonie.

Quand le chant des psaumes fut achevé, le Clergé fit processionnellement le tour de la chapelle et Monseigneur lui nomma comme titulaire le Sacré-Cœur. Puis Sa Grandeur, mitre en tête, vint s'agenouiller dans le sanctuaire pour chanter les litanies des saints. Après les bénédictions litur-giques, Monseigneur célébra le saint Sacrifice dans le nou-veau sanctuaire. Au moment de l'élévation, des salves de mousqueterie annoncèrent au peuple que Jésus descen-dait pour la première fois dans la chapelle d'Abshoven !

Après la sainte Messe, Monseigneur, accompagné du Clergé, porta le Très Saint Sacrement de l'ancienne cha-pelle à la nouvelle, au chant du *Pange lingua*. Le Très Saint Sacrement fut exposé et les adorations commencè-rent.

Avant de partir, Monseigneur réunit la Communauté et parla tout paternellement des obligations de la vie reli-gieuse. Au cours de cette pieuse causerie, il dit aimablement : « Oh ! mes Sœurs, que j'aurais donc voulu voir les pluies de grâces que les saints Anges ont fait descendre pendant le saint Sacrifice de la Messe ! » Il bénit ensuite les Sœurs et ne se retira qu'après avoir promis de revenir à Abshoven, chaque fois qu'il passerait dans les environs.

Au nombre des prêtres qui assistèrent à la cérémonie on remarquait Monsieur Hubert Waguemans, Curé de Munstergeleen, toujours si dévoué à la maison d'Abshoven depuis ses premiers commencements et auquel la Communauté portait, en retour, un attachement filial, profond et religieux. Ensuite venaient le R.P. Conrad Wiese, Supérieur de Leyenbrock, qui rappelait par sa présence la sympathie mutuelle et le dévoûment réciproque des deux Congrégations des Prêtres du Cœur de Jésus et des Servantes de ce même Cœur adorable, les RR. PP. Carmes qui, se tenant à l'orgue pendant la bénédiction, avaient rehaussé l'éclat de la cérémonie par leur chant grave, pieux et si liturgique.

Le lendemain, on se retrouvait avec bonheur dans la belle et imposante chapelle, où Jésus avait passé la première nuit, et la sainte Messe fut célébrée en actions de grâces !

Le 21 août, notre Chère Mère quittait Abshoven en recommandant aux Sœurs réunies le silence, la régularité, l'obéissance, l'esprit de prière et de sacrifice.

Son séjour au milieu d'elles était toujours trop court au gré des Sœurs, si heureuses de la présence de leur bonne Mère. Elle rentra à Saint-Quentin, sa résidence habituelle, et, pendant quelques années encore, elle partagea son temps entre une prière assidue et la direction de ses maisons. Sans qu'elle fût malade précisément, elle avait contracté un rhumatisme douloureux, sa santé allait s'affaiblissant et les voyages qu'elle ne pouvait pas toujours éviter lui devenaient de plus en plus pénibles.

Elle tenait à faire elle-même la tournée de ses maisons, car elle savait combien on la désirait ; elle sentait aussi le besoin de revoir ses enfants et de remédier, avec son cœur de Mère, à tout ce qui avait pu se glisser de défectueux dans le choix des sujets aux différents emplois de la Communauté.

Elle n'épargnait aucune fatigue et ne calculait pas davantage les dépenses pécuniaires quand il s'agissait du bien des âmes. Elle changeait les Sœurs de résidence jusqu'à ce qu'elle fût assurée que chacune était dans le milieu le plus avantageux pour son avancement spirituel. Il lui importait peu de quelle manière on jugeait ou même on condamnait sa façon d'agir ; elle ne voyait que la seule gloire du Cœur de Jésus et le salut des âmes que le Seigneur avait daigné lui confier, à elle qui s'en trouvait, disait-elle souvent, si indigne.

Dieu seul a pu compter les larmes amères et brûlantes qu'elle a répandues devant lui, au cours de sa longue vie religieuse, lorsqu'elle en était réduite à constater que certains sujets ne répondaient pas à ses désirs de perfection ou même se rendaient indignes de leur sublime Vocation.

Le 6 juillet 1911, notre Chère Mère se rendit une fois encore à Abshoven et y resta près d'un mois ; ce devait être sa dernière visite à cette petite Communauté qui lui avait coûté tant de soucis et qui, à cause de cela, sans doute, lui était si chère.

Les premiers jours qui suivirent son arrivée furent consacrés aux exercices de la retraite. Elle recommanda de nouveau le silence, la régularité, l'exactitude à tous les exercices de piété, disant : « Pensez toujours, mes chères enfants, que quand la cloche vous appelle, Jésus, votre Maître, veut que vous quittiez tout au premier coup. »

Plus le moment du départ approchait, plus aussi elle redoublait ses recommandations et, comme saint Jean, le Disciple bien-aimé du Cœur de Jésus, elle répétait ces paroles : « Mes enfants, aimez-vous les unes les autres. Que l'esprit d'union la plus parfaite règne entre vous toutes, dans l'humilité et la charité, vous aimant toutes, et travaillant toutes pour l'amour du Cœur de Jésus, qui vous a aimées toutes d'un amour éternel. »

Le 26 juillet, notre Chère Mère fit de nouveau une instruction ; elle rappela aux Sœurs les grâces et les lumières qu'elles avaient reçues pendant la sérieuse retraite qui venait de finir, ainsi que les grandes faveurs que la sainte Église leur avait accordées ces dernières années par l'approbation de la Congrégation des Servantes du Cœur de Jésus, à laquelle nous avons, dit-elle, le bonheur d'appartenir. Elle termina par ces paroles : « Mes chères filles, j'ai donc la confiance que maintenant vous vous appliquerez plus que jamais à l'étude de vos devoirs et de vos Constitutions et que vous les accomplirez fidèlement pour la consolation du Cœur de Jésus et pour le salut des âmes. Que tout se fasse surnaturellement dans l'esprit d'obéissance, de pauvreté et de simplicité qu'exige notre sainte Vocation et alors les bénédictions du Cœur de Jésus descendront sur la chère maison d'Abshoven »

Le 27 juillet au soir, on se réunit pour lui faire les adieux ; elle parla avec émotion et nous donna sa maternelle bénédiction. On ne se doutait pas que ce fût la dernière !...

Le 24 août 1911, notre vénérée Chère Mère voulut revoir une fois encore Dauendorf. Elle aimait cette maison avec prédilection et disait aimablement en arrivant : « Ici je suis chez moi ! » C'était dire qu'elle était un peu comme Dom Bosco : chacune de ses maisons ayant la préférence de son cœur, on pouvait croire que là où elle se trouvait, était le lieu de son choix et son plus délicieux séjour.

C'était son dernier voyage cependant. Ses rhumatismes

lui rendaient alors la marche si pénible et si difficile même qu'il lui était impossible de descendre et de remonter les nombreux escaliers de nos grandes gares, de sorte que, grâce à la bienveillance des gens de service, on la transportait dans un fauteuil roulant, au prix de mille dangers, à travers les rails multipliés de nos voies ferrées. Pour elle, elle ne trouvait rien d'humiliant ni de pénible, quand il était question des intérêts spirituels de sa Congrégation.

Elle partit pour son voyage d'Alsace-Lorraine dans un état de santé qui laissait fort à désirer. Un triste pressentiment la guidait, sans doute, car, malgré toutes les offres qu'on lui fit pour la décharger de ce devoir, elle persista constamment dans son dessein.

Ce que fut pour notre Chère Mère ce suprême voyage, Dieu seul le sait !... Bien que ses forces parussent l'abandonner et ses pieds refuser de la porter, elle ne voulut confier à aucun autre le soin de cette dernière visite ; nulle d'ailleurs n'eût eu la prétention de remplacer la Mère !... Elle le disait parfois avec un certain orgueil maternel : « Vous n'avez qu'une Mère ! » « Après moi, disait-elle encore un jour à la récréation, vous pourrez avoir des Supérieures plus instruites, plus spirituelles, plus expérimentées même, mais une Mère qui vous aimera comme moi, je ne le crois pas. »

Les années 1912 et 1913 s'écoulèrent dans des alternatives d'impuissance physique, mais Chère Mère s'en dédommagea par l'intensité de sa prière pour conjurer l'orage qui commençait à poindre à l'horizon.

Le 19 juin 1914, nous retrouvons notre Chère Mère à Saint-Quentin pour la fête du Sacré-Cœur. Elle avait été préparée par une retraite prêchée par un Père de la Compagnie de Jésus. Monsieur le Chanoine Brancourt [1], Supérieur de la Communauté, était arrivé depuis quelques jours pour faire l'examen canonique des aspirantes : il y avait une vêture, trois professions annuelles et deux perpétuelles. Notre Chère Mère, toujours si heureuse en cette circonstance, semblait envahie de noirs pressentiments. Le lendemain samedi, on devait fêter le saint Cœur de Marie, Patronne principale de la Congrégation ; les Sœurs des maisons étrangères étant pressées de rentrer chez elles où on les attendait impatiemment, elle ne retint que celles — et c'étaient les anciennes — dont la présence dans leurs couvents n'était pas absolument nécessaire ; il semblait qu'il lui était impossible de se séparer de ses chères compagnes et qu'elle prévoyait que cette fois elle devait leur dire un éternel adieu !

Monsieur le Supérieur resta lui aussi plus longtemps que de coutume. Au moment du départ, il vint faire ses adieux à ses « chères filles », comme il les nommait toujours si paternellement, les exhorta à plus de ferveur et à plus de fidélité envers le divin Cœur de Jésus, qui les environnait de tant de grâces de choix. Notre Chère Mère recueillait toujours la parole de Dieu avec une scrupuleuse attention, mais cette fois elle paraissait ravie, le bon Monsieur le Supérieur avait touché la corde sensible, elle était toujours si reconnaissante pour sa vocation. Elle le remercia cordialement et lui manifesta alors le regret de l'entendre si rarement : « Oh ! dit-il, Chère Mère, je ne serai plus absent si longtemps cette fois ; » mais Chère Mère l'interrompant

1. Monsieur le Chanoine Brancourt, alors Vicaire Général titulaire, succéda à Mgr Mathieu comme Supérieur de la Communauté, après la mort de ce dernier (novembre 1896). Il avait été nommé à la charge de Supérieur ecclésiastique par Mgr Duval, de chère et regrettée mémoire.

lui dit : « Non, Père Supérieur, nous ne nous reverrons plus ! »
Il rejeta ces tristes prédictions avec sa gaîté ordinaire. Mais
la sombre prophétie devait se réaliser, car les événements
de la guerre s'étant précipités, enlevèrent toute communi-
cation avec le dehors et avec Soissons en particulier !...
Le 25 août 1915, Monsieur le Chanoine Démaret, Archiprêtre de Saint-Quentin, annonçait par lettre à la Communauté qu'il était, pendant la durée de la guerre, nommé
Vicaire Général et remplaçant de Monsieur le Chanoine
Brancourt, pour donner toutes dispenses, avec les mêmes
pouvoirs. Nous le regardâmes dès lors comme notre Supérieur, mais nous gardâmes pourtant l'espoir de revoir
encore notre bon Père Brancourt, malgré son grand âge
et les événements qui décimaient les populations envahies.

Il partit pour Paris et y rendit sa belle âme à Dieu, le 12
février 1917 ; mais notre Chère Mère ignora jusqu'au
bout que ses tristes prévisions étaient devenues réalité :
les correspondances en ce temps-là étant complètement
interrompues.

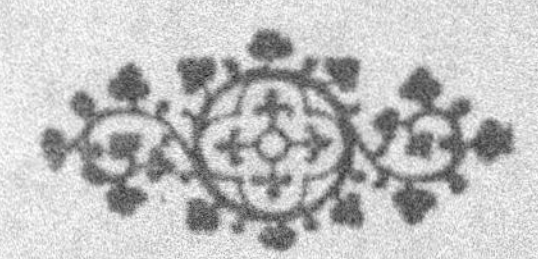

CHAPITRE X

SA DERNIÈRE FONDATION

Pendant ce temps, la persécution religieuse redoublait d'intensité et les amis de l'Œuvre insistaient pour que notre Chère Mère fondât en Belgique une nouvelle maison, afin de partager dans cette fondation nouvelle et dans la maison de Hollande les sujets français et étrangers réunis dans la Maison-Mère, qui courait le risque comme tant d'autres de recevoir le terrible mandat d'expulsion.

Deux personnes pieuses de Belgique firent offrir à la Communauté un ancien couvent de Capucins, dont elles étaient propriétaires et que ces bons religieux avaient habité pendant une dizaine d'années. La solitude du lieu semblait préparée tout exprès pour favoriser la vie intérieure et le couvent lui-même répondait à toutes les exigences de la vie religieuse. La maison respirait la sainteté et les Sœurs qui l'ont habitée disaient que c'était vraiment « un couvent idéal. »

Cette fondation se fit, on peut le dire, à la vapeur ; car tandis que les autres maisons de la Congrégation s'étaient édifiées parmi les contradictions, les traverses de toutes sortes et de nombreux contretemps, celle-ci marcha comme par enchantement.

Le 1er juillet 1914, à trois heures du matin, les religieuses

désignées pour cette colonie — les plus vaillantes naturellement, — étaient sur pieds. Mère Ignace, qui remplaçait
la bonne Chère Mère dans les impuissances où la réduisait
son grand âge, était aussi matinale que celles qui partaient,
elle allait de l'une à l'autre, s'assurant que rien ne manquait,
et veillant au déjeuner matinal.

Après une dernière visite à Jésus, dans cette chère chapelle,
centre de tant de souvenirs, les Sœurs s'en vont, le cœur
serré et une Sœur qui faisait partie du voyage s'exclama :
« La porte de ce couvent béni, où nous laissons une vénérable Mère, va se refermer sur nous ! Sera-ce pour toujours ?»

On part généreusement, presque allègrement, en se consolant par la religieuse sympathie qui unit sincèrement les
membres de cette nouvelle famille.

Une bonne Sœur portière accompagne le petit groupe
jusqu'au garage d'autos. Quelques personnes matinales
sortent sur le pas de leur porte et regardent d'un air ébahi
les bonnes Sœurs munies de leurs énormes colis : (l'une
d'elles, portant soigneusement emballé dans un très haut
panier l'Enfant Jésus de Prague, protecteur de la petite
troupe).

Les voici arrivées au garage de Monsieur Dupont, où
les attend l'auto, chargé dès la veille et avec bien des difficultés, car elle devait recevoir au moins le mobilier indispensable d'une fondation. Grâce à l'activité ingénieuse d'un
bon voisin de la rue de Paris, on est parvenu à entasser tout
ce qui avait été préparé. On avait disposé à l'arrière quelques
caisses munies d'oreillers ou de traversins pour servir de
banquettes ; mais pour monter dans ce compartiment de
première classe, il fallait faire usage d'une échelle !

Heureusement le singulier convoi se composait surtout
d'une jeunesse vive et alerte.

Vers les six heures, le moteur commença à ronfler et l'auto démarra. Les Sœurs se sentent bien émues en traversant pour la dernière fois la chère ville de Saint-Quentin.

L'installation est si originale qu'on ne peut s'empêcher de rire ; l'hilarité est générale ; on regrette même de n'avoir pas emporté un appareil photographique pour faire à Chère Mère et aux Sœurs restées à la Maison-Mère la délicieuse surprise de ce grotesque et pourtant charmant tableau !

L'auto file sur la grand'route de Guise, vers la Belgique, direction d'Incourt [1].

Le grand silence est forcément rompu, mais à sept heures il est très consciencieusement repris : c'est l'heure de la Messe de Communauté, on s'y réunit de loin. Pour ce jour, il faut se contenter de faire la Communion spirituelle, mais on dit les prières d'actions de grâces.

On devine les péripéties, plus ou moins agréables, d'une course vertigineuse au milieu d'une pareille installation. Sous les multiples cahots de l'auto-camion, les banquettes improvisées commencent à glisser, les caisses à céder, les estomacs à se creuser : la chaleur d'une journée plutôt orageuse y ajoute les agréments de la transpiration et de la soif... et l'on n'ose remuer ni vaisselle, ni bouteilles.

Bref, il est presque midi quand l'auto ralentit et s'arrête pour la première fois. — On était à la mémorable et inoubliable douane de Sivry !

Le conducteur descend, entre chez le Receveur des douanes, parlemente longtemps et revient dire qu'il manque un papier. Il faut aller le chercher à Incourt. Heureux contretemps ! qui permet aux voyageuses de faire un bon dîner

---

1. Incourt, petit village de la Province de Brabant, entre Louvain et Namur à quelques kilomètres de Jodoigne.

champêtre. Mais les enfants de l'école sont venus contempler ces « bohémiennes » et voici que bientôt accourt une petite Sœur à cornettes blanches. Elle raconte que les enfants, en arrivant à l'école, lui ont appris qu'il y avait des Sœurs françaises arrêtées à la douane et qui pleuraient. (En réalité elles s'épongeaient le visage, car il faisait une chaleur tropicale.) La bonne petite Sœur était aussi une exilée, son cœur de religieuse et de française s'était ému à ce récit plus triste que réel. Elle insiste pour que nos Sœurs l'accompagnent à son couvent ; là, on les reçoit à bras ouverts, on leur offre un café soigné, qui achève de les réconforter et puis enfin, elles quittent ces bonnes Sœurs de Saint-Paul avec tous les témoignages de la plus profonde reconnaissance.

Pendant ce temps, saint Joseph et les âmes du purgatoire ont arrangé les affaires de la douane. Les voyageuses grimpent de nouveau à leur échelle et l'auto-camion, qui s'est bien reposé, (il est 4 heures du soir), a une allure de train-express.

Charleroi approche, les curieux aussi ! Dans la foule quelqu'un murmure : « En voilà une installation ! »

Vers sept heures, il faut donner un peu de repos au moteur, le dévoué et intelligent conducteur attend qu'on soit hors de la ville ; néanmoins la troupe voyageuse est entourée d'une cinquantaine d'enfants nu-pieds et de leurs parents ! Heureusement les parapluies sont tendus — nouveau genre de clôture — et tous, spectateurs et voyageurs de rire de ce voyage bizarre. Bientôt le camion roula de nouveau pour ne plus s'arrêter.

A neuf heures et demie, on se trouvait en pleine campagne et en pleine obscurité, car le vent d'orage souffle avec violence et il est impossible d'allumer une bougie.

Incourt ne doit plus être éloigné. On entonne le *Magnificat* d'un cœur et d'une voix !

L'auto stoppe sur la place du village ; Monsieur le Curé est là qui, ne voyant personne, mais de nombreux et volumineux colis entassés les uns sur les autres, finit par s'écrier : « Où sont donc les Sœurs ? » Alors les têtes émergent l'une après l'autre du fond de ce bazar et saluent avec joie leur nouveau Pasteur [1].

Monsieur le Curé s'étant informé que les Sœurs ne manquaient de rien et avaient pris leur repas, les laissa continuer leur route. Dix minutes plus tard, elles étaient à Longpré et s'écriaient toutes joyeuses : « Le couvent ! » Mais ce n'était pas encore le repos. Il s'agit maintenant de procéder au déchargement de l'important véhicule. On dresse de nouveau l'échelle, mais on est si raidi par la longue immobilité qu'on a bien de la peine à se mouvoir. Des voisins charitables ne se contentent pas de souhaiter gracieusement la bienvenue aux Sœurs, ils aident à installer des lits dans une salle qu'on transforme prestement en dortoir. On ne trouve pas assez de draps, on tâchera de compléter avec des couvertures, et comme il n'y en a pas encore assez, on prend des toiles à matelas. Il fait si chaud qu'on n'a pas envie de s'en plaindre, au contraire. Le plus grand besoin était celui d'un peu d'eau pour rafraîchir les visages couverts de sueur et de poussière. Puis, malgré l'obscurité de la nuit et l'heure si avancée, on se mit à parcourir la maison de bas en haut et chacune est enthousias-

---

1. Hâtons-nous de rendre un témoignage reconnaissant à l'intelligente sollicitude et au dévoûment incomparable de Monsieur le Curé, à qui le Cœur de Jésus confiait cette nouvelle famille.

A travers les mille difficultés de la guerre, les nombreux et importants services qu'il a rendus à la petite Communauté ne peuvent se compter et encore moins s'oublier !

mée du délicieux petit cloître et des proprettes cellules.

De là les Sœurs se rendent à la ferme voisine, où on leur avait préparé d'excellentes tartines accompagnées de l'indispensable café « national. » Réconfortées par ce repas improvisé, toutes se hâtent d'aller prendre un repos réparateur. Minuit venait de sonner... On était au 2 juillet, fête de la Visitation. Ce fut donc sous les auspices de Marie qu'après une courte prière on se mit au lit.

Vers 6 heures du matin, la Supérieure de circonstance, déjà prête, venait inviter les Sœurs moins fatiguées à l'accompagner à la sainte Messe ; une seule eut assez de force pour répondre à l'invitation ; les autres, exténuées, venaient à peine de s'endormir et ne se sentaient pas de taille à retourner si vite à Incourt.

Cependant, elles sont vite debout à leur tour et commencent le déblai de la maison, afin de mettre la nouvelle fondation en mesure de recevoir bientôt l'Hôte divin, dans une chapelle convenable, et d'organiser la vie de Communauté dans toute sa rigueur.

Pendant que les unes frottent, les autres ouvrent caisses et ballots et il s'échappe de temps en temps des exclamations de surprise et de joie !

Toutes les maisons de la Congrégation avaient rivalisé de charité fraternelle et, à l'avance, avaient envoyé meubles, linge de chapelle, ornements etc. Bien des petits objets provoquèrent la reconnaissance de la Communauté nouvelle et obligèrent les Sœurs à reconnaître que, pour un début, on n'était pas trop mal monté.

Chacune s'était mise au nettoyage, consultant plutôt sa générosité que son expérience ; c'était à qui s'y prêterait plus vite. Aussi que de mésaventures !

Une bonne Sœur, peu exercée dans la science du ménage,

est envoyée à la réserve pour en rapporter de la soude à
celle qui frotte le parquet ; bientôt celle-ci s'aperçoit que les
mains la piquent horriblement et après avoir observé de
plus près le paquet suspect, s'aperçoit qu'elle a délayé du
sel dans son eau !

On remarque tout-à-coup qu'une odeur un peu trop forte
se dégage des bénitiers ; (sans analyse) c'est que la Sœur
chargée de la fonction, s'est trompée de bouteille et qu'au
lieu d'eau bénite elle a rempli les bénitiers de benzine !

Le lendemain le peintre cherchait en vain un pot de colle
qu'il avait préparé pour ses travaux : une Sœur s'en servait
en guise de savon vert, pour frotter les parquets !

A midi, faute de réfectoire (la salle est encore encom-
brée de caisses) on dresse la table dans le cloître, et l'on sert
un dîner froid ! mais il paraît délicieux et sitôt après on se
remet à la besogne.

Bientôt arrive un commissionnaire, un homme dévoué
et intelligent, que notre bonne Chère Mère a demandé à
la Supérieure de Pépinville, pour faire les courses de la
petite Communauté et aider les Sœurs dans les plus gros
travaux.

Enfin, la première soirée s'annonce et chacune est heureuse
de regagner sa petite cellule, où elle espère reposer plus à
l'aise que dans le dortoir improvisé de la veille. Il y manque
chaises et tables. « On se servira du plancher, dit une des
Sœurs, et ainsi on est sûr que rien ne tombera plus bas. »
Chacune rit de son dénûment, mais chacune aussi s'en-
dort dans le calme et la paix.

Le vendredi, 3 juillet, à Saint-Quentin, Monsieur Dupont,
(celui-là même qui avait conduit nos chères Sœurs à Long-
pré-Incourt) demandait au parloir notre Chère Mère. Il
savait qu'elle n'était pas sans inquiétude sur le voyage de

ses filles et, comprenant ses appréhensions, il tenait à la tranquilliser sans retard. Notre Chère Mère, on le devine, ne se fit pas attendre. Mais elle était alors assez affaiblie pour qu'il fût nécessaire de la soutenir et de l'installer dans un fauteuil. Elle s'y plaça très lentement, car elle avait cette habitude de prendre son temps pour faire chaque chose très soigneusement ; mais en avançant dans les jours de sa vieillesse, elle semblait se recueillir un moment avant de se mettre à quelque chose, ou même de donner un ordre. Quand elle fut placée à son goût, elle adressa la parole à son hôte, avec cette courtoisie dont elle ne se départait jamais quand elle recevait et qu'elle manifestait encore plus volontiers avec les personnes qu'elle jugeait plus dignes d'estime.

Alors ce Monsieur lui rendit compte des nombreuses démarches qu'il avait dû faire pour obtenir toutes les autorisations légales ; jusqu'à ce point qu'il avait dû se rendre personnellement à Laon. Il lui raconta ensuite toutes les péripéties du voyage, sans oublier l'arrêt forcé à la fameuse douane de Sivry.

Notre Chère Mère se plaisait beaucoup à cette conversation, d'ailleurs très intéressante ; mais, sans la détourner précisément, elle la ramenait de temps en temps sur la possibilité de faire elle-même le cher voyage d'Incourt. « Je dois renoncer au chemin de fer, disait-elle, mais dans une auto moins grande, ne pourrais-je pas essayer ? Je serais si heureuse de voir nos chères Sœurs dans leur petit couvent, avant de mourir. » Elle désirait connaître cette nouvelle fondation, « ce couvent idéal » dont on lui avait décrit tant de merveilles et qui devait encore ajouter à ses sollicitudes.

Voyant le désir et l'insistance de notre Chère Mère pour

ce voyage, d'une part, et de l'autre, l'impuissance où elle était de l'effectuer en chemin de fer, Monsieur Dupont lui offrit de l'y conduire dans une automobile.

Cette perspective sourit à notre Chère Mère, qui décida qu'on partirait de manière à se trouver à Incourt pour la belle fête de l'Assomption 1914 ! « Mais, dit-elle, je ne veux pas d'autre que vous pour me conduire. » — « Oh ! certainement, ma Révérende Mère, répondit gentiment ce Monsieur, et même ce sera plus facile que la première fois, car je connais mieux à présent les routes directes, notre voyage sera aussi plus court, car, évitant les inconvénients et les contretemps du premier, nous pourrons arriver avant le soir, bien certainement. »

Ce cher espoir qui avait caressé si doucement le cœur de notre Chère Mère, resta à l'état de projet — on en devine la raison, — Cette perspective qui la rendait si heureuse fut détruite par les horreurs de la guerre. Elle vit la Belgique, il est vrai ; mais en réfugiée !... Dans les ajournements des passeports, sa maladie s'aggrava et la mort trancha au vif le dernier et le plus cher de ses vœux !

Ce même jour, 3 juillet, la petite famille d'Incourt s'augmente : une charrette s'est arrêtée à la porte du couvent et il en descend deux bonnes Sœurs venant de la maison d'Abshoven ; elles ont le cœur bien gros et sont encore tout émues de la pénible séparation, mais bientôt les visages s'illuminent, on a retrouvé d'autres Sœurs connues, et on se sent chez soi dans ce petit couvent qui répond si bien à toutes les pieuses exigences de la vie religieuse.

Ce renfort était une nouvelle attention du cœur si délicat de notre Chère Mère, qui n'avait pas de repos tant qu'elle sentait ses enfants dans le besoin. Elle usa de toutes les industries pour leur procurer du secours de toute manière, afin de les mettre en mesure de pratiquer les exercices de la sainte Règle et de remplir les obligations exprimées dans nos Constitutions.

Le samedi, 4 juillet, les Sœurs se rendent comme la veille à l'église du village d'Incourt. C'est une petite promenade de 20 minutes à travers la campagne et assez agréable à certaines des Sœurs, qui n'ont vu depuis longtemps d'autre horizon que les murs du jardin de la Maison-Mère.

Dimanche 5, il y a deux Messes, les plus fatiguées se rendent à celle de neuf heures. Monsieur le Curé d'Incourt, qui a toutes les délicatesses, leur a réservé une petite place dans son église. Mais malgré leur satisfaction d'assister à la Messe paroissiale, les Sœurs aspirent toujours à posséder Jésus sous leur toit. La soirée du dimanche fut consacrée à la correspondance. « On attendait avec impatience — dit plus tard une des Sœurs — le repos forcé du dimanche, pour pouvoir enfin laisser libre cours à ses sentiments, et donner à la bonne Chère Mère des détails intéressants, qu'elle attendait avec anxiété depuis le départ, déjà, semblait-il, vieux d'un siècle ! »

Mardi 7, c'est l'arrivée d'un wagon venant de la Hollande, expédié par la maison d'Abshoven, une des délicieuses attentions de la bonne Supérieure, Sœur Marie-Joachim. Le déballage s'opère rapidement et l'on va de surprise en surprise. En ouvrant les tiroirs des meubles, on est saisi d'admiration : dans l'un c'est de la mercerie, dans l'autre de l'épicerie ; et, en résumé, un peu de tous ces petits objets qui, sans être d'une utilité indispensable, ajoutent pourtant à la joie déjà si grande, en attendant que chacun vienne à point et ait sa place marquée selon les circonstances.

Le mercredi, 8 juillet, les promenades matinales à Incourt prirent fin. On dressa un autel dans la salle de Communauté et, à la grande joie de toutes, Jésus fit son apparition chaque matin jusqu'au jeudi 16. Ce jour-là, vers sept heures, eut lieu la bénédiction de la chapelle définitive, suivie de la grand'Messe et d'un *Magnificat !* Quel jour de pieuse joie pour la petite Communauté !... Dans l'après-midi, on habilla la cloche que Monsieur le Curé d'Incourt, toujours si bon, bénissait à 4 heures dans la plus stricte intimité et elle sonna, à 6 heures, le premier salut solennel, suivi du *Te Deum !* Hélas ! le lendemain, il court des bruits de guerre qui allaient se confirmant les jours suivants !

Après la retraite du Sacré-Cœur, prêchée à Saint-Quentin, par un Père de la Compagnie de Jésus, notre Chère Mère, qui était remplie d'inquiétudes au sujet de la nouvelle fondation qu'elle ne pouvait diriger par elle-même, avait entretenu le Révérend Père de sa petite famille d'Incourt. Comme il devait se rendre en Belgique, elle le pria d'aller bénir ses enfants et de leur apporter son maternel et constant souvenir.

Le Révérend Père arriva la veille de la fête de saint Ignace ; il y eut une première Messe à sept heures, puis, à neuf heures, grand'Messe suivie d'une instruction sur la sainte Eucharistie. Ce fut une compensation inappréciable et bien précieuse pour les Sœurs, qui se sentaient si isolées et si éloignées de leur chère Maison-Mère. A la table du dîner, on exposa le portrait de notre Chère Mère et de son Assistante. On prit le repas aussi joyeusement que le permettaient les circonstances, et la conversation roula presque exclusivement sur le fléau en perspective, et qui allait bientôt éclater, cela se sentait !

Si loin de la chère Maison-Mère, de la vénérée Mère Générale et des chères Sœurs laissées à Saint-Quentin, le cœur se serrait à cette pensée de la séparation et on partageait déjà à l'avance toutes les angoisses qu'elles devaient ressentir.

A deux heures, les adieux du Révérend Père se font à la salle, il dit encore quelques mots d'encouragement, puis prend congé de la petite Communauté.

Samedi, 1er août, arrive encore un wagon d'Abshoven, contenant maintes choses bien nécessaires ; mais hélas ! le plaisir s'affaiblit sensiblement, car la guerre a maintenant fait son apparition : la nuit, on est venu réquisitionner le bétail des voisins pour ravitailler les soldats à la frontière. On redouble de prières pour conjurer des maux si menaçants !

Lundi 3, la Sœur qui remplit les fonctions de Supérieure part pour Louvain, avec une des Sœurs, afin de s'approvisionner pour le temps de la guerre.

Entre temps, notre Chère Mère se tourmente au sujet de cette jeune fondation qui n'avait emporté à son départ de Saint-Quentin que le plus strict nécessaire. Il avait été décidé que quinze jours ne se passeraient pas, sans que quelques-unes des Sœurs d'Incourt ne revinssent à Saint-Quentin se fournir du nécessaire : hélas ! les quinze jours se transformèrent en longues et douloureuses années, pendant lesquelles notre bonne Chère Mère usa de toutes les industries pour faire parvenir à ses chères enfants exilées un secours pécuniaire.

Mercredi 5, le modeste couvent d'Incourt se dispose à recevoir des blessés, car, à la demande de Son Éminence le Cardinal Mercier, la Supérieure a répondu qu'on pouvait disposer de 10 à 12 lits ; (y compris ceux des Sœurs, bien entendu). On prépara donc une salle, on confectionna à la hâte tabliers et manches blanches, chacune est heureuse à la seule pensée d'avoir bientôt à se dévouer pour les pauvres victimes de cette horrible guerre.

Dimanche, 9 août, on expose le Très Saint Sacrement toute la journée, il en sera ainsi chaque dimanche ; tandis qu'en semaine on n'expose que de trois à six heures du soir : puisse le Cœur de Jésus apaiser l'orage qui gronde de toutes parts !

Le soir, après le souper, on prépare des tartines pour les soldats belges, c'est le commencement !

Le mercredi 12, on apprend que des canons belges sont braqués dans le voisinage, on les a disposés en vue d'une grande bataille ; que le bon Jésus, sensible à la confiance de la petite Communauté, veuille la protéger et écarter le danger !

Vendredi 14, la sainte Messe est offerte pour la Communauté ; le même jour on apprend que les canons ont changé de place et de direction ; aussi, se ne lasse-t-on pas de rendre grâces au Cœur de Jésus pour le salut et la protection qu'il a accordés au petit couvent et, pour perpétuer la mémoire de ce bienfait, on place, le jour-même, une statue de Notre-Dame de Lourdes au jardin, dans une gracieuse petite grotte.

Samedi 15, fête de l'Assomption de la Très Sainte Vierge, on la prie avec d'autant plus de ferveur que les événements sont plus graves : le canon gronde toujours au loin !... A deux heures, Jésus est exposé ; à cinq heures trois quarts, on fait la procession du Très Saint Sacrement, pendant laquelle on chante les litanies des saints et de la Très Sainte Vierge : tous les habitants de Longpré sont là : la petite chapelle est comble.

Le dimanche 16, on défend aux Sœurs de monter dans les cellules du haut, car il est question d'une grande bataille ! A neuf heures, deux Chefs belges, qui n'ont rien pris depuis la veille, sont très heureux de trouver à déjeuner au petit couvent. A neuf heures trois quarts, on récite le chapelet en commun : vers onze heures, on entend les premières détonations, puis les mitrailleuses ; tout tremble, il semble que la chapelle va s'effondrer ; mais le bon Jésus est exposé, on prie sans interruption le Cœur miséricordieux de Jésus, la Sainte Vierge, Saint Joseph, les saints Anges et notre chère Sœur Marie de Jésus. Les cœurs battent bien fort ; mais on reste calme. Cela dure à peu près une heure, une véritable heure d'angoisse. Vers midi un quart, les coups vont diminuant, puis, cessent tout à fait. On se met à table, plutôt par raison que par besoin, car l'émotion enlève tout appétit.

Vers cinq heures, un premier blessé est apporté, il a la poitrine défoncée, puis un second vient se faire bander le pied ; mais ce n'est pas un blessé, il n'a qu'une entorse. Le salut est à peine fini, voici qu'un groupe de soldats belges apportent un des leurs, qui a reçu six balles dans la poitrine. C'était le fils d'un comte ; on le garda jusqu'au mercredi, espérant que jusque-là ses parents auraient le temps d'arriver et de le voir une fois encore, mais vain espoir !

On n'oubliera pas le 16 août, journée remplie de faits douloureux, mais mémorable entre toutes par la protection du divin Cœur de Jésus !

Le lundi 17, on craignait une grande bataille ; il n'y eut qu'un petit combat au loin. A une heure cependant, on amène un blessé qui a la jambe traversée par une balle. On l'installe dans la salle transformée en ambulance, deux Sœurs se dévouent autour de lui et le veillent la première nuit, car il est très agité.

Le mardi 18, on a encore des craintes, mais on n'entend plus que quelques détonations dans le lointain.

Le mercredi 19, Messe d'enterrement du jeune comte belge. A peine est-on sorti de la chapelle qu'on vient avertir que les Allemands sont à Longpré. On recommande de ne pas sonner, on précipite l'enterrement avant la sainte Messe et on assiste ensuite au saint Sacrifice dans une émotion facile à comprendre.

Le dimanche 23, c'était le tour de l'autre blessé. La moëlle des os était atteinte. On le prépara à la mort et il reçut les derniers sacrements et, après une nuit de cruelles souffrances, il rendit à son Créateur son âme héroïque, sanctifiée par son généreux abandon au milieu des tortures. Il fut digne de recevoir la récompense des héros tombés au champ d'honneur, pour la gloire et la liberté de la patrie.

A cause de la maladie qui l'emportait, on dut l'enterrer dans la même journée. Les obsèques se firent à six heures du soir. La petite Communauté l'accompagna jusqu'à sa dernière demeure, dans le bois de la propriété de Longpré, à côté de son jeune compagnon d'armes.

Le jeudi 27, on constate que les provisions vont en diminuant ; il est difficile de se procurer les choses les plus indispensables, il reste encore un peu de farine ; mais la levure faisant complètement défaut, on se contente de pain sans levain. Les Sœurs se réjouissent de ressentir un peu les morsures de la sainte Pauvreté et elles se trouvent encore plus favorisées que beaucoup d'autres [1].

1. Ce petit couvent d'Incourt, insuffisant pour l'Œuvre des orphelines de la guerre qu'on commençait à recueillir, dut être abandonné, le 13 novembre 1915. Sœurs et enfants furent recueillies à Ixelles-Bruxelles, à la clinique Saint-Antoine, où la bonne Mère Thérèse leur loua une maison encore en construction, tandis qu'on multipliait les démarches pour faire l'acquisition de la maison des Pères Jésuites à Alsemberg, si convenable à ces sortes d'œuvres. Le 31 mars 1916, Son Éminence le Cardinal de Malines autorisait la translation de l'œuvre à Alsemberg et le Mardi-Saint on se rendait par petits groupes à cette maison

abandonnée par les RR. PP. Jésuites portugais, qui avaient trouvé là un asile au moment de la persécution du Portugal, et que les circonstances de la guerre chassaient de nouveau !

C'est alors que, menacé de cécité, le bon Curé d'Incourt, ne pouvant continuer les fonctions de son ministère, vint se réunir à ce modeste essaim des Servantes du Cœur de Jésus qu'il n'avait cessé de protéger à travers toutes les tribulations de la guerre. Elles étaient trop heureuses de lui rendre en dévoûment les bienfaits sans nombre qu'elles en avaient reçus.

Le Jeudi-Saint, les Sœurs et les enfants firent l'adoration à l'église Notre-Dame d'Alsemberg et le saint jour de Pâques, le saint Sacrifice fut célébré dans la petite chapelle, qui rappelle au mieux celle de Saint-Quentin.

CHAPITRE XI

LA GRANDE GUERRE 1914-1917

Pendant ce temps, l'armée ennemie avait fait du chemin et, le vendredi 28 août, on signalait l'arrivée des troupes aux portes de Saint-Quentin. A cinq heures et demie du soir, pendant l'office des Matines, un premier coup de canon est tiré à deux pas de la Maison-Mère ; l'effroi est général ! Notre Chère Mère, si sensible et si bonne, est terrorisée. La seule pensée de cette lutte fratricide la paralyse. Elle ne sait qu'inventer pour toucher le Cœur de Jésus et l'incliner à la clémence. Monsieur le Vicaire de Saint-Martin, qui remplit auprès de la Communauté les fonctions d'Aumônier, arrive pour le salut de six heures et annonce qu'un bombardement est à craindre. Il fait juste chanter le *Tantum ergo* et rentre le Très Saint Sacrement !

On avait organisé la cave qui devait servir de refuge, tout le temps que dureraient les combats ; (on ne pensait pas qu'on était en présence de plusieurs années de guerre !) On n'attendait donc que le signal pour s'enterrer sans air et sans lumière dans ces souterrains, insuffisants de toute manière ; quand tout-à-coup notre Chère Mère se ressaisit et déclare avec son énergie ordinaire qu'on ne descendra pas dans la cave ; mais qu'on passera toute la nuit devant le Tabernacle ! Notre Chère Mère et son Assistante montrèrent l'exemple et restèrent à la prière aussi longtemps que le grand âge de l'une et la faiblesse de l'autre le leur permirent.

Malgré le brouhaha des hommes et des chevaux, la nuit fut assez calme et quand les soldats se furent couchés le long des trottoirs, on put tranquillement vaquer à la prière et à la méditation.

Mais le lendemain 29, Décollation de saint Jean-Baptiste, on se battit sur Fayet, aux portes de la ville, avec un acharnement épouvantable ; la chapelle tremblait sur ses faibles bases, les vitres claquaient avec un fracas vraiment effrayant.

On ne pourra jamais rendre les souffrances intimes de notre Chère Mère ; elle souffrait surtout de la peine profonde que devait éprouver Notre-Seigneur de se voir obligé de châtier si durement ses enfants rebelles, et elle ajoutait sans cesse de nouveaux renoncements pour apaiser la divine Justice ! Que de fois elle supprima la récréation pour la remplacer par des exercices de pénitence, afin de hâter le bienfait de la paix !...

Malgré sa sensibilité sans égale, elle était avide des nouvelles de la guerre ; elle interrogeait les Sœurs commissionnaires pour obtenir des détails, satisfaisant son ardent patriotisme ; son cœur d'Alsacienne, deux fois français, n'eût pu, sans se briser, supporter seulement la pensée d'une défaite !... Telle on la vit en 70-71 à Strasbourg, à l'aube de son Œuvre, ouvrant une ambulance et se dévouant aux chers blessés, sans trêve ni merci, telle on peut la considérer à quatre-vingts ans, épuisant ses dernières ressources pour le salut de sa chère Patrie !

Elle multipliait et faisait multiplier autour d'elle prières et sacrifices, et attribuait bien souvent au manque de ferveur de la Communauté les calamités qui, au lieu de disparaître, allaient grandissant chaque jour. Elle excitait sans cesse les Sœurs à la générosité et restait convaincue qu'elles pouvaient et devaient faire violence au Cœur de Jésus : « Nous avons une mission toute particulière, disait-elle souvent, sans cela nous ne serions pas en France... « Comprenez-le une bonne fois et mettez-vous à l'œuvre... le mal est grand, il faut réparer énergiquement, oublier tous les intérêts mesquins, faire abstraction du moi, le Cœur de Jésus nous le demande, Il attend cela de ses Servantes ; mais il faut qu'on le Lui demande, il faut qu'on supplie, qu'on s'immole pour la Patrie, pour ce malheureux peuple qui a perdu la notion du christianisme ! »

Elle est morte sans avoir renoncé à l'espoir d'obtenir du Cœur de Jésus, à force d'immolation, la cessation du terrible fléau.

Si généreuse par nature, elle ne savait par quelle industrie adoucir les misères qui se multipliaient chaque jour, et provoquaient sans cesse son incomparable besoin de donner : quand, par prudence, on croyait devoir mettre des bornes à ce qui semblait excéder ses moyens, elle allait jusqu'à en verser des larmes. Elle savait, pour l'avoir expérimenté bien souvent, que Jésus ne se laissait pas vaincre en générosité et qu'elle pouvait se reposer entièrement sur Lui.

Lorsqu'elle apprit que, le 20 août, le bon Dieu avait rappelé à Lui le Très Saint Père Pie X, le vénéré Pontife de qui elle avait reçu tant de marques de bienveillance et particulièrement l'approbation de son Œuvre et de ses Constitutions, et qui l'avait reçue en audience avec une bonté toute paternelle en 1907 et 1910, elle en éprouva une douleur profonde, surtout pour le veuvage de la sainte Église, en ces jours si troublés et si calamiteux ; elle se consola cependant en pensant que l'impuissance où il se trouvait d'arrêter ce déluge de sang, malgré toutes ses paternelles et énergiques protestations, avaient bien pu abréger une existence si chère et si précieuse et qu'il allait trouver là-haut cette paix qu'il avait tant désirée. Ces considérations adoucirent à notre bonne Chère Mère cette perte incomparable ; mais elle pleura quand même ce digne Pontife auquel elle avait voué un culte de gratitude et de religieux attachement.

Le 14 septembre 1914, fête de l'Exaltation de la sainte Croix, notre Chère Mère, qui, depuis le commencement des hostilités, semblait aller s'affaiblissant, ressaisit pour ainsi dire, avec ses forces physiques, les sentiments de sa profonde tendresse pour Jésus souffrant et voulut offrir un hommage solennel de réparation au Cœur de Jésus, en même temps qu'une supplication plus ardente, pour l'incliner à la clémence, et, dans cette intention, elle fit elle-même le Chemin de la Croix à travers les allées du jardin, malgré la peine qu'elle avait toujours à marcher.

On ne peut dire combien de temps dura cet exercice, notre Chère Mère ayant pris exprès une formule de Chemin de Croix abandonnée, même le jour du Vendredi-Saint, à cause de sa longueur.

Notre bonne Chère Mère alla de station en station jusqu'à la dernière, ce qui était pour elle un vrai voyage. Une Sœur la suivait avec un prie-Dieu pour qu'elle pût se reposer en s'agenouillant et conserver toutes ses forces pour la prière. Sa voix, toujours si puissante, trouvait des intonations nouvelles, selon les sentiments qu'elle exprimait, et qui pénétraient les Sœurs jusqu'au fond du cœur.

Disons en passant que personne dans la Congrégation ne sut jamais lire une prière, avec une expression aussi vivement sentie que notre vénérée Chère Mère. Quand, pour la soulager dans ses vieux jours, une Sœur lui prenait le livre pour la remplacer, la prière paraissait méconnaissable.

Enfin le Chemin de la Croix fut achevé vers midi et notre Chère Mère rentra consolée et fortifiée par l'espoir d'avoir obtenu, sinon la cessation du fléau, du moins une amélioration dans la situation si douloureuse du moment.

Deux mois après la mort de Sa Sainteté Pie X, notre Chère Mère apprenait la mort inopinée de Son Éminence le Cardinal Ferrata ; cette perte fut très sensible à notre Chère Mère, qui perdait en ce vénéré Prélat un Père très dévoué aux intérêts de la Congrégation, dont il était le Cardinal Protecteur depuis de longues années.

Entre temps, le 3 septembre, les Cardinaux réunis en Conclave avaient élu Benoît XV pour succéder à Pie X. Notre Chère Mère écrivit une lettre de félicitations au nouveau Souverain-Pontife, dans laquelle elle exprimait les sentiments de religieuse dépendance dans lesquels elle était pour la Sainte Église et son premier Pasteur. Elle assurait le Souverain-Pontife, qui inaugurait son règne sous de si tristes auspices, du secours des prières de toute la Congrégation.

Notre bonne Chère Mère avait tant prié pour que le Saint-Esprit inspirât la vénérable assemblée ; elle fut bien consolée lorsqu'elle put obtenir quelques détails sur notre Très Saint Père le Pape Benoît XV et qu'elle apprit qu'il était vraiment le Pape du Sacré-Cœur.

A la lettre de la Révérende Mère, écrite et envoyée quelques jours après son élévation, le Très Saint Père répondit, le 12 novembre 1914, par l'intermédiaire du Cardinal Gasparri :

Du Vatican, 12 novembre 1914.

Révérende Supérieure,

« Notre Très Saint Père le Pape Benoît XV a agréé avec bienveillance l'hommage des nobles sentiments et des vœux que vous avez eu la filiale pensée de Lui exprimer, en votre nom et au nom de votre famille religieuse de Saint-Quentin, à l'occasion de son élévation au Souverain-Pontificat.

En vous remerciant de ce témoignage de dévouement et de fidélité, ainsi que de vos ferventes prières à ses intentions, Sa Sainteté vous accorde de tout cœur, particulièrement dans les douloureuses circonstances présentes, pour vous et pour les Servantes du Sacré-Cœur de Jésus, le bienfait de la bénédiction apostolique.

Veuillez agréer, Révérende Supérieure, mes sentiments dévoués en Notre-Seigneur. »

(Signé) P. Card. GASPARRI.

(Cette lettre, écrite le 12 novembre 1914, ne parvint à destination que le 3 août 1915.)

La guerre, les deuils, les soucis de ses maisons à l'étranger, malgré l'esprit d'abandon qui était, nous l'avons déjà dit, la caractéristique de la Mère Fondatrice, allaient affaiblissant toujours sa santé chancelante. Bien qu'elle fût alitée habituellement, elle put, le jour de Noël, assister à presque toutes les saintes Messes qui furent célébrées dans la modeste chapelle. Elle ne se retira que sur les instances de la Mère Assistante, qui jugeait nécessaire de ménager son grand âge et sa faible santé. Car elle obéissait à son Assistante avec une perfection, un surnaturel et une promptitude qu'on n'aurait pu exiger de la plus fervente novice.

Elle voyait Dieu et sa sainte Volonté en tout ce que Mère
Ignace disait ou commandait, et si, parfois, en son absence,
elle avait dû accorder une permission ou donner un ordre,
dès que celle-ci paraissait, elle lui soumettait immédiatement le cas, et si Mère Ignace, pour une raison ou pour une
autre, n'approuvait pas entièrement la chose, notre Chère
Mère n'hésitait pas à se contredire et, sans respect humain,
elle faisait accepter les nouveaux ordres avec une bonne
grâce et une ténacité qui montraient à quel point elle avait
abdiqué son jugement propre entre les mains de celle que
le Cœur de Jésus lui avaient donnée, pour la guider et la
soutenir dans les mille difficultés de son long gouvernement.

A la récréation du jour de Noël, notre Chère Mère fit
remarquer aux Sœurs la délicate bonté du Cœur de Jésus
qui les avait favorisées de plusieurs Messes en un temps
si difficile et où la pénurie des prêtres se faisait sentir en
tant d'endroits.

Elle, qui était d'une mortification vraiment incroyable
pour son âge et qui restait presque toujours à genoux pour
la sainte Messe et le salut, semblait encore redoubler de
ferveur à l'approche de Noël.

Elle se surpassait aussi pour ajouter à la splendeur du
culte, s'ingéniait pour faire disparaître la rustique simplicité
du pauvre autel de bois par la multiplicité des fleurs du
meilleur goût, les lustres d'art, les innombrables bougies
et les plus riches ornements. Pour le culte, elle se fût volontiers privée du nécessaire, et bien souvent elle manifesta
le désir et l'espoir de pouvoir offrir au Bien-Aimé de son
âme une chapelle plus spacieuse et surtout un riche autel
de marbre blanc.

Quelques jours avant l'évacuation en 1917, elle se préoc-
cupait encore de la fraîcheur des fleurs qui ornaient le petit

autel de sa cellule, où le prêtre devait déposer le ciboire chaque matin quand il la communiait.

Le jour de la Circoncision, 1er janvier 1915, se passa comme chaque année ; on offrit à notre Chère Mère les vœux du Jour de l'an auxquels elle répondit, comme toujours, en exhortant ses filles à redoubler de ferveur, de générosité et de reconnaissance pour leur sublime vocation. Elle insista sur la délicatesse de conscience, pour répondre au pur amour que le bon Jésus demande de ses Servantes. Plus elle avançait en âge, plus elle avait à cœur de faire apprécier à sa famille religieuse l'esprit qui l'avait guidée, en fondant son œuvre, et la minutieuse attention qu'on devait apporter à chacun des points qui composaient la sainte Règle de son Institut.

Dans le cours du mois de janvier, elle prit part encore avec joie, aux fêtes qui lui allaient particulièrement au cœur : le Saint Nom de Jésus, la Sainte Famille, les Épousailles.

Le 2 février, elle s'occupa de réunir les cierges destinés à la cérémonie de la Chandeleur. Elle était saintement passionnée pour les fêtes de la sainte Église.

Pour la dernière fois avant sa maladie, le 28 février, elle voulut encore présider l'exercice de la récréation qu'elle savait rendre si intéressante. Comme une bonne Mère elle était ingénieuse à distraire religieusement les Sœurs. Parfois elle lisait un conte de Noël ou quelque anecdote amusante pour la jeunesse, mais ce jour-là la conversation roula sur des sujets assez graves. Elle s'épuisait à faire comprendre l'urgence extrême de réparation. Sa voix, d'habitude si facile et si puissante, ne se faisait entendre qu'avec une excessive difficulté. Après la récréation, sur les instances réitérées de toute la Communauté, la digne Mère consentit à faire le sacrifice des vêpres pour prendre un peu de repos. Mais, après avoir laissé défiler devant elle toute la Communauté, elle se sentit elle-même entraînée par son besoin de prier, entra à la chapelle à la suite des Sœurs et y resta jusqu'à la fin de l'office.

Le lendemain lundi, 1er mars, elle dut s'aliter et on lui appliqua de suite les ventouses. Le médecin appelé déclara que notre Chère Mère avait une grippe infectieuse ; et, malgré son indomptable énergie, force lui fut de garder la cellule jusqu'au 25 mars !

Le jour de la fête de l'Annonciation de la Très Sainte Vierge, anniversaire de la naissance de la vénérée Mère, — elle avait alors soixante-dix-huit ans — elle put enfin descendre et passer la journée au milieu de toute la Communauté. Dans la matinée, elle reçut les vœux et les modestes présents de ses filles, heureuses de la posséder de nouveau.

Elle parla longtemps sur l'idéal à réaliser, sur ses regrets d'un passé toujours trop défectueux au gré de son âme ardente, car son cœur ne sut jamais vieillir. Son noble but, l'objectif qu'elle s'était proposé au début de sa carrière religieuse, elle l'avait maintenu sans la plus légère altération, elle l'avait constamment en vue et pouvait toujours en parler sans tarir. Sa santé altérée par la maladie n'était pas pour elle une raison de se modérer, rien ne pouvait avoir raison de ce qu'elle appelait énergiquement son devoir, elle ne cédait que devant l'impuissance absolue.

Ce même jour, notre Chère Mère, qui relevait à peine de maladie, reçut la visite du très bon Père. Cette surprise lui fut d'autant plus sensible que la distance qui les séparait était assez grande et que les voitures étaient rares.

Retenu en France par les événements de la guerre, le

R. P. Dehon se confina nécessairement dans sa résidence du Sacré-Cœur, berceau de sa fondation [1].

De là, il venait de temps en temps, quand sa santé le lui permettait, visiter notre Chère Mère. Il commençait ordinairement par célébrer la sainte Messe, ensuite faisait une instruction sur la fête du jour, avec cette éloquence suave qui le caractérisait et qui rendait à toutes un renouveau de confiance et d'espoir.

Lorsque quelque imprévu heureux ou malheureux venait jeter une note nouvelle dans le douloureux concert en permanence, il fallait que le R. P. Dehon en fût averti et donnât un bon conseil, le cas échéant ; notre Chère Mère le vénérait comme un saint. Dans les rares petites joies qui lui survenaient, elle n'en jouissait qu'autant qu'elle pouvait les faire partager à ce bon Père.

Le lendemain 26, fête de la Mère de Douleurs, pour laquelle elle professait une dévotion toute spéciale, elle descendit encore le matin et, malgré toutes les invitations, elle resta debout jusqu'à l'heure de Matines, que nous disons vers cinq heures du soir ; alors elle remonta dans sa cellule, mais absolument épuisée !

Le dimanche, jour des Rameaux, elle se traîna péniblement de nouveau à la chapelle jusqu'à sa stalle, où le prêtre officiant lui apporta le rameau bénit. Mais, au moment de la Communion, elle se fit conduire par son Assistante jusqu'à la sainte Table.

Par prudence, on dut, le lundi de Pâques, 5 avril, lui administrer les derniers Sacrements. Le Révérendissime Père Dehon, Fondateur et Supérieur Général des Prêtres du Cœur de Jésus, qu'elle avait désiré pour cette suprême cérémonie,

---

1. 15, rue des Frères Desains, à Saint-Quentin.

arriva vers dix heures du matin. L'exiguïté de la chambre de la vénérée malade ne permettait pas à la Communauté de s'y réunir, son Assistante resta près d'elle, ainsi que deux Sœurs des plus anciennes qui répondaient aux prières ; les autres se rangèrent dans la cellule voisine et dans le couloir.

Lorsque les prières furent achevées, avant de procéder aux onctions, le très bon Père dit à la vénérée malade : « Chère Mère, ce sacrement a été institué surtout au point de vue spirituel ; l'Église demande que Dieu envoie son Ange pour fortifier, aider, soutenir le malade contre le découragement, la faiblesse, les peines intérieures. » Notre Chère Mère était plongée dans un profond silence et suivait, avec son esprit si surnaturel, les pieux détails de cette émouvante cérémonie.

Quand le T. R. P. Dehon se fut retiré, la Mère Assistante entonna le *Magnificat* et les litanies du Sacré-Cœur, puis, les invocations achevées, elle demanda, au nom de la Communauté, pardon à Chère Mère pour toutes les peines qu'on avait pu lui faire et la remercia de tous les soins maternels qu'elle avait prodigués aux Sœurs, de tous les soucis, traverses, épreuves qu'elle avait endurés pour fonder et affermir son Œuvre et elle ajouta en pleurant : « Restez encore avec nous, Chère Mère, pour nous stimuler dans notre sainte Vocation, pour nous dire et nous redire sans cesse ce que nous devons faire, ce que nous devons éviter, afin de répondre aux désirs du Cœur de Jésus et à ses divines Volontés sur chacune d'entre nous. » Ensuite la Communauté se retira.

La vénérée Mère donnant de nouvelles inquiétudes, le 20 avril 1915, le Docteur appelé en toute hâte déclara que le cœur était bien mieux et même qu'il se retrouvait aussi bon que l'année précédente, mais que la tête, surmenée par un travail opiniâtre et forcé, depuis si longtemps déjà, devait être ménagée et qu'en conséquence on devait laisser la bonne Mère se reposer.

On la laissa donc au grand calme, le plus possible ; c'était une nouvelle épreuve bien sensible aux Sœurs, qui se voyaient privées pour un bon moment de la vue et de la conversation de leur bonne Mère, car jusqu'au 23 mai elle garda la cellule.

Le saint jour de la Pentecôte, notre Chère Mère fait de nouveau une apparition à la chapelle. Quelle agréable et douce surprise, quelle joie pour toutes les Sœurs ! A la sainte Communion le prêtre lui apporta son Jésus à son fauteuil. Quand on voulut la faire sortir, on lui fit mille représentations — « Elle devait se ménager... le Docteur a tant recommandé le repos... des précautions sont indispensables... elle devrait vite remonter pour retrouver le calme et le repos de sa cellule... » Mais comment l'arracher à ce lieu de délices ? Jésus est là, exposé devant ses yeux ! Un combat s'engage entre la nature qui fait défaut et le cœur débordant de bonheur, et le cœur la fit rester en adoration ! N'était-ce pas son habitude ? On savait bien dans toutes les maisons de la Congrégation qu'elle prolongeait son action de grâces à ce point que la Sœur qui l'accompagnait se demandait si la bonne Mère était d'une nature angélique !... On devait alors varier et multiplier toutes les industries pour lui faire comprendre que le déjeuner était servi et qu'elle devait enfin mettre un terme à ses pieux colloques... Elle n'avait pas changé !

Donc, le saint jour de la Pentecôte, 23 mai, après le repas de midi, qu'elle avait pris au rez-de-chaussée, dans son cabinet de travail, elle se traîna véritablement jusqu'à la

salle des professes, où elle présida la récréation, heureuse
de se retrouver au milieu de sa chère Communauté, mais, à
deux heures de l'après-midi, elle ne put aller plus loin et
on dut la remonter sur une chaise, dans sa cellule.

Le 25 mai au matin, un aéroplane français ayant lancé
des bombes sur la gare de Saint-Quentin, toute la gent
allemande, très nombreuse en ville, à cause du mouvement
des troupes, riposta vigoureusement à coups de fusils,
mitrailleuses, canons, etc. Tous les projectiles imaginables
volèrent avec une telle violence et une telle rapidité pendant
une demi-heure qu'on put croire toute la ville vouée à la
destruction. On était à la chapelle et on y resta jusqu'à la
sainte Messe, mais la Mère Assistante n'en pouvant plus
de sentir la pauvre Chère Mère seule au lit, dans cet horrible fracas, profita du premier moment de calme pour se
rendre auprès d'elle. Elle la trouva anéantie, mais très paisible, lui en témoigna son étonnement et lui demanda si
elle n'avait pas été effrayée ? Notre Chère Mère répondit
simplement : « Je ne crains que l'offense de Dieu. »

Il faut dire qu'on tirait le canon à quelques pas du couvent,
que les vitres des voisins volaient en éclats, jonchaient les
trottoirs et que, le grand ostensoir, après avoir ressauté à
une certaine hauteur, retomba dans la gloire où on
l'avait placé pour l'exposition, sans qu'on eût à déplorer
aucun accident fâcheux. Il est vraiment miraculeux qu'il
ne se soit produit aucun dégât, si léger soit-il, dans la pauvre
chapelle de bois, « qui ne se soutenait que par la peinture »,
disait un ouvrier à courte vue.

Le 3 juin, dans le jardin du couvent (si soigneusement
entretenu par les Sœurs qu'il faisait l'admiration des riches
ayant à leurs ordres des jardiniers de profession) eut lieu
la procession de la Fête-Dieu, aussi solennellement que les

circonstances pouvaient le permettre. Monsieur le Vicaire
de la Paroisse, qui remplissait auprès de la Communauté
les fonctions d'Aumônier, portait le Très Saint Sacrement,
les Sœurs suivaient et les enfants de Marie du patronage,
voilées de blanc, fermaient le cortège. Arrivé au reposoir
du calvaire, Monsieur le Vicaire bénit longuement et très
pieusement, avec une attention marquée, la vénérée malade,
Chère Mère, qui, toute vêtue de blanc, apparaissait à la
fenêtre de sa cellule comme une apparition céleste, et
suivait d'un regard tendrement ému la marche de la procession dans les allées du jardin.

Dieu seul put apprécier à ce moment le douloureux
sacrifice qu'elle faisait en son immobilité forcée.

Le 11 juin, fête du Sacré-Cœur de Jésus, jour consacré
aux cérémonies de Profession et de Vêture de la Communauté, et fête de la vénérée Mère, les Sœurs eurent le bonheur de revoir la chère malade. On ne pouvait s'habituer
à son absence. Elle assista à la grand'Messe, chantée par
Monsieur le Curé de Saint-Martin, au cours de laquelle
une dizaine de Sœurs renouvelèrent leurs saints Vœux.
Notre bonne Chère Mère avait repris cette prestance si
noble, si majestueuse et si digne qu'on lui connaissait.
Elle ne resta à la chapelle que pendant la célébration du
divin Sacrifice.

A dix heures, on se réunit dans la salle des professes
pour offrir les vœux de fête à notre vénérée Mère ; elle y
répondit affectueusement et ensuite parla de sa chère
Œuvre avec une verve toute nouvelle : il y avait longtemps
qu'elle n'avait trouvé et réuni toutes ses expressions avec
tant de clarté.

Le mercredi, 16 juin, était l'anniversaire où notre Chère
Mère avait fait le Vœu de Victime en 1875. C'était aussi

l'anniversaire de ses Vœux perpétuels et de ceux de son
Assistante en 1882. Or, la veille, au matin, le pied démesurément enflé de notre Chère Mère ne laissait guère
l'espoir de revoir le lendemain la chère malade à la chapelle,
elle seule conserva une entière confiance. Et le Cœur de
Jésus manifesta clairement sa volonté d'accorder à notre
Chère Mère la légitime consolation de fêter pieusement ce
jour de grâces : le 15, au soir, toute trace de cette douloureuse incommodité avait disparu, à l'étonnement de toutes
les Sœurs qui ne s'attendaient pas à une si prompte et si
agréable surprise !

Ce jour béni, elle put donc assister aux saintes Messes
et aux exercices de la Communauté. C'était une courte
halte sur son long Chemin de croix, car, le lendemain
jeudi, le pied et la jambe étaient si extraordinairement
enflés que la digne Mère ne put descendre un instant de
son lit.

Après son repas de midi, sept ou huit Sœurs, des plus
anciennes, vinrent la visiter dans sa cellule : assise sur son
lit de douleur, elle commença à pleurer, et, regardant les
Sœurs bien affectueusement, elle dit : « Cela me fait du mal
de vous quitter !... Et puis, il faut être si pur pour entrer
au ciel... mais j'ai confiance. » Elle continua un moment
sur le même sujet, mais bientôt les Sœurs, la trouvant trop
souffrante, la quittèrent malgré elle, afin qu'elle fût forcée
de se reposer.

Le 19 juin, à midi, notre Chère Mère parle avec effusion
aux Sœurs anciennes, qui la visitent chaque jour, de sa tendre
et constante dévotion à saint Louis de Gonzague ; puis,
sans transition, elle dit tristement : « J'aime bien vous voir,
mais je ne puis le supporter ! » Alors les Sœurs se retirèrent
dans la cellule de la Mère Assistante, contiguë à la sienne

et, après s'être concertées, elles firent appeler immédiatement le Docteur. Celui-ci arriva aussitôt et déclara que la bonne Mère avait une phlébite !

A Abshoven, le 18 juin, mourait inopinément notre Chère Sœur Marie-Joachim, Supérieure de la maison. On essaya, mais en vain, de faire part à la Mère Fondatrice de la perte inattendue que venait d'éprouver la maison d'Abshoven, qui se trouvait, par cette mort imprévue, plongée dans la plus profonde tristesse ; tout fut inutile, c'était la guerre ! même les faire-parts ne passaient pas la frontière.

On n'apprit à la Maison-Mère la pénible et surprenante nouvelle que quelques semaines après l'événement. On voulut doucement préparer la chère malade, notre vénérée Chère Mère, à cette douloureuse surprise ; on ne savait trop comment s'y prendre pour éviter une émotion trop violente, mais sa propre souffrance était alors si excessive qu'elle parut insensible et indifférente à cette épreuve qui atterrait toute la Congrégation !

Notre Chère Mère ne pensait plus qu'à dire son « *Nunc dimittis !* » elle ne parlait plus que de la mort ; de la sienne surtout qui, disait-elle, n'était pas éloignée. C'était le thème de chaque jour et de chaque heure ; à cette répétition si pénible on avait le cœur navré ; on aimait tant espérer la revoir encore reprendre la direction de sa chère Congrégation.

Le dimanche, 22 août, toute la Communauté se réunit dans la cellule de notre bonne Chère Mère et dans la pièce voisine. Pendant une demi-heure elle parla de l'abondance de son cœur, si attaché à la sainte Église et à son premier Pasteur. Elle recommanda avec feu de prier pour le Souverain-Pontife dont la mission était si pénible et si délicate pendant la guerre, qui allait se prolongeant. Elle s'informa

si on n'avait rien diminué des multiples prières que chaque
jour elle faisait dire pour le Pape et qu'elle eut toujours
à cœur de dire elle-même tant qu'elle le put. Elle recommanda surtout les deux Souverains Pontifes défunts,
Léon XIII et Pie X et insista sur le culte de reconnaissance
que nous devions leur conserver toujours, parce que tous
deux avaient travaillé à l'approbation de notre chère Congrégation. Elle rappela encore le souvenir de feu le Cardinal
Ferrata, notre digne Protecteur, qui soigna si longtemps
les intérêts de la Congrégation avec une bonté paternelle,
malgré le souci des nombreuses Communautés dont il était
déjà le Protecteur.

Le 8 septembre, fête de la Nativité de la Très Sainte
Vierge, notre Chère Mère ne put descendre pour la sainte
Messe ; mais avant midi elle se fit descendre à son cabinet
de travail pour y prendre son repas. Quand la Communauté
se fut réunie pour la récréation, elle vint d'un air joyeux
surprendre ses enfants, toujours si heureuses de la revoir ;
elle était toute contente, elle rayonnait et comme elle avait
admis au postulat, ce jour-là même, une jeune fille de condition très modeste, qui n'avait à offrir au Cœur de Jésus
que le seul désir de se consacrer à Lui pour toujours, elle
parla avec un entrain tout nouveau, développa la pensée
maîtresse de sa vie : sa préférence pour la vertu et son indifférence des avantages temporels, quand il s'agissait d'une
vocation.

Le dimanche après la fête de la Nativité, on avait organisé
dans le jardin une petite procession à laquelle notre Chère
Mère assista, debout, à la fenêtre de sa cellule.

Elle tenait entre les mains une gracieuse statue de Notre-
Dame de Lourdes avec laquelle elle bénissait affectueusement et pieusement chaque Sœur, à mesure que le cortège

passait sous sa fenêtre, se rendant à la grotte de Notre-
Dame. Au retour de la procession, la bonne Mère recommença avec une effusion de cœur et de piété et on put
croire, à l'insistance attentive qu'elle mettait, qu'elle prétendait bénir chacune de ses enfants en particulier.

Le 27 septembre, le T. R. P. Dehon fit à la Communauté
une petite instruction sur les neuf chœurs des Anges ;
nous relèverons seulement les dernières applications, qui
se rapportaient à la situation d'alors :

« Les Anges ne sont pas seulement gardiens, ils sont encore
messagers, et ils sont à nos ordres. Ils nous invitent à leur
confier nos petits messages. On a tant de peine à écrire
en ce moment ; il faut aller ici, là, sans résultat. Confions
donc nos petites lettres à nos bons Anges ; nous n'avons pas
besoin d'écrire, nous économiserons encore de l'encre ;
nous n'avons qu'à le leur dire de vive voix, et en un clin
d'œil ils sont à destination. Ils vont bien plus vite que ces
machines ailées, que nous voyons parfois dans les airs.
Ils se substituent aux fonctionnaires de la poste sans difficulté et peuvent passer partout sans être vus. Donnez-leur
donc vos commissions pour vos chères Sœurs de Lorraine,
d'Alsace, de Hollande et de Belgique. Pour tous ceux
que vous aimez, chargez-les de vos messages ; ils sont si
heureux de vous venir en aide.

Tous les jours, les bons Anges viennent dans cette
pieuse maison pour faire la cueillette, comme les bonnes
Sœurs qui la font à certains moments, tantôt la cueillette
des fleurs pour orner le sanctuaire et tantôt celle des fruits.

Eh bien ! tous les jours, les saints Anges viennent faire
ici la cueillette de vos prières, de vos sacrifices, de vos
actes d'amour et de renoncement. Ils portent tout cela au
ciel et ils en redescendent avec des grâces de lumière et

de force, car ils ne reviennent jamais les mains vides. Ce sont eux qui nous apportent les grâces, qui sont comme une rosée bienfaisante qui nous réjouit et nous fortifie. »

Le 17 octobre, fête de sainte Marguerite-Marie, Mère et Patronne de la Congrégation, notre Chère Mère parla longtemps du rôle important que la sainte avait dans l'Œuvre des Servantes du Cœur de Jésus. *Elle redit aux Sœurs que l'Œuvre avait été formée pour répondre aux plaintes que le Cœur de Jésus lui avait fait entendre et que son but était essentiellement la réparation.*

Le 24 octobre, notre vénérée Mère demanda que toute la Communauté se réunît chez elle, après le dîner, pour l'heure de la récréation. Elle commença par faire ranger les Sœurs à ses côtés avec une minutie incroyable, malgré l'exiguïté de sa cellule, et voulut absolument que chacune se plaçât selon sa charge et son ancienneté : « Si vous voyiez, dit-elle, à Rome comme la hiérarchie est observée et respectée ; les Cardinaux, les Évêques, chacun est à son rang ; et, dans les ordres religieux qui, pour la plupart ont deux branches : les Sœurs de chœur sont en première ligne et les Sœurs auxiliaires viennent après. C'est pour le bon ordre, ce n'est pas que je préfère les premières ; vous savez que je n'ai jamais fait monter aux charges les sujets qui paraissaient les briguer ?... Au contraire, nous avions des Sœurs de grande famille, mais je les laissais dans l'ombre, dès que je m'apercevais qu'elles se prévalaient quelque peu. Je préfère toujours une Sœur humble, simple, sans autre prétention que celle de se sanctifier dans la voie que le Cœur de Jésus lui a tracée.

Mais nous ne pouvons pas oublier que c'est aux travaux et au dévoûment des Sœurs auxiliaires que nous devons de trouver le temps nécessaire à la psalmodie du grand office.

Trois ou quatre fois, notre Chère Mère s'interrompit, parce que les Sœurs des emplois, de la cuisine, du réfectoire etc., arrivant en retard, trouvaient leurs places occupées par les premières arrivées. Enfin elle dit en pleurant : « Je ne voudrais plus revenir dans la Communauté, car il y a toujours des jeunes Sœurs qui veulent prendre la place des anciennes et des Sœurs auxiliaires qui ne sont jamais contentes de la situation qui leur est faite ! Eh bien ! à Rome, on a dit carrément que ces esprits ne doivent pas être tolérés ; ces Sœurs doivent accepter de bon cœur leur situation, sinon on doit simplement leur ouvrir la porte. » Et, s'adressant à la Mère Assistante : « Notre Mère, dit-elle, ne m'aide pas assez pour cela, elle les laisse se placer comme elles le veulent ; mais cela ne doit pas être, c'est plus important qu'on ne le pense. » Et la Mère Assistante de lui répondre avec un bon sourire : « Je vais me corriger, Chère Mère. »

Ensuite la digne Mère parla de sainte Ursule et de la faveur spéciale accordée le jour de sa fête, 21 octobre 1867.

Depuis le 21 octobre 1867, Chère Mère avait voué un culte de reconnaissance à sainte Ursule, pour l'inestimable faveur obtenue le jour de sa fête et elle avait transmis ce culte à la Congrégation, qui se fait un devoir de partager ses sentiments de gratitude pieuse envers cette grande sainte.

Le 1er novembre 1915, fête de la Toussaint, notre Révérende Mère, se sentant sans doute plus faible que de coutume, fit venir les Sœurs, l'une après l'autre et leur donna, avec un maternel baiser, les conseils particulièrement nécessaires à chacune, pour son avancement dans les voies de la perfection qui est propre à notre vocation spéciale.

CHAPITRE XII

UN JOUR D'ALLÉGRESSE

La fête de la Présentation de la Très Sainte Vierge, 21 novembre, tombant un dimanche, on dut remettre la cérémonie au lendemain 22, à cause des offices paroissiaux. Monsieur le Chanoine Démaret, Archiprêtre de Saint-Quentin, nommé Vicaire Général de Soissons pendant l'occupation allemande, et par conséquent muni de tous les pouvoirs, présida la cérémonie, au cours de laquelle deux novices prononcèrent les saints Vœux et deux postulantes revêtirent le saint Habit. Une dizaine de prêtres assistaient à la grand'Messe solennelle avec diacre et sous-diacre.

Une grande joie était réservée ce jour-là à toute la Communauté. Notre Chère Mère, bravant toutes les lois de la prudence humaine, avait tenu à assister à la donation de ses chères Benjamines et après la sainte Messe, qui lui avait encore paru trop courte, elle alla, aidée de sa dévouée Assistante, saluer le Clergé à la salle après le repas. Ce fut pour tous une agréable surprise : il y avait si longtemps qu'ils ne l'avaient vue sur pieds !

Le 3 décembre, chacune des Sœurs devait donner son vote pour que Monsieur le Curé de la paroisse Saint-Martin, Confesseur ordinaire, pût continuer encore pendant trois ans son ministère dans la Communauté ; il suffisait d'écrire *oui* sur le petit papier destiné à cet effet, mais c'était trop peu pour le cœur reconnaissant de Chère Mère ; après s'être laissée répéter plusieurs fois qu'il suffisait d'écrire *oui*, elle écrivit enfin, *de grand cœur ! oui !* Elle eût voulu pouvoir exprimer ce qu'elle ressentait de gratitude pour ce digne prêtre, qui portait à la Congrégation un si véritable intérêt.

Le 8, fête de l'Immaculée-Conception, notre Chère Mère ne descendit que quelques heures.

Le 18, quelques Sœurs anciennes étaient encore réunies autour de la vénérée malade ; une grande épreuve la tourmentait (il s'agissait d'une vocation en péril) et, malgré l'incohérence de ses paroles, on sentait que le chagrin lui brisait le cœur.

Le lendemain dimanche, elle recommença à parler sur ce même pénible sujet ; mais quand toutes les professes se furent réunies autour de son fauteuil, elle se redressa avec sa majesté d'autrefois et après avoir fait placer les Sœurs de chœur d'un côté et les Sœurs auxiliaires de l'autre, elle commença ainsi : « Mes chères enfants, je suis bien malade et peu en état de vous parler ; mais c'est précisément parce que je crains que d'un moment à l'autre Jésus ne m'appelle que je veux encore un peu vous parler de notre vocation. Vous savez combien je vous en ai entretenues quand je le pouvais !... combien j'ai versé de larmes pour vous faire comprendre la nécessité du sacrifice, car ce n'est pas chose facile de faire pénétrer ces grandes vérités dans les âmes et de les rendre fidèles à une vocation comme la nôtre !... mais je vous en prie, devenez saintes !... nous en avons déjà beaucoup qui le sont et de grandes saintes. Sanctifiez-vous, mes enfants, accomplissez vos devoirs, non par manière d'acquit, mais avec attention et amour.

Beaucoup d'amour et de fidélité. Rien d'extraordinaire, mais générosité et ferveur en toutes choses. Soyez à vos devoirs, non d'une manière quelconque, mais en esprit et en vérité.

Je vous aime toutes, vous le savez. Mère Ignace et moi, nous vous avons toujours aimées. » Cela disait beaucoup : elle voulait traduire le dévoûment avec lequel la Mère Assistante l'avait secondée dans son Œuvre depuis son début et comme elle lui avait été toujours unie dans ses peines comme dans ses joies. Enfin, voyant qu'elle se fatiguait trop, les Sœurs se levèrent pour partir, mais notre Chère Mère, les regardant l'une après l'autre avec tristesse, leur demanda ce qui les pressait tant de la quitter. Enfin elle leur permit de se lever et voulut les bénir, mais, ne trouvant pas les paroles, elle appela la Mère Assistante, qui écrivait dans l'autre pièce. A ce moment, ses idées lui revinrent bien nettes et elle put articuler parfaitement les paroles de la bénédiction qu'elle avait adoptées : « *Nos cum prole pia etc.* »

Le 24 décembre, veille de Noël, notre Chère Mère arrive à la chapelle vers dix heures du soir, elle paraissait bien fatiguée. La psalmodie la ranime soudain et la voilà priant les psaumes avec les Sœurs et accentuant surtout le *Gloria Patri* avec une voix si forte qu'on aurait pu la croire en bonne santé. Elle resta pendant toute la messe de minuit et jusqu'à la fin des Laudes ; ensuite, elle se laissa emmener, marchant assez doucement, pour entendre la Consécration à l'Enfant-Jésus avant d'arriver à la porte.

Le 28, fête de saint Jean l'Évangéliste, la chère malade communia dans sa cellule. Mais quelle ne fut pas l'agréable surprise de la Communauté, que la cloche appelait à la salle des professes vers onze heures, quand, en y entrant, chacune put contempler avec bonheur la bonne Chère Mère nstallée près du T. R. P. Dehon dont c'était la fête patronymique. Quel étonnement et quelle joie !... et notre Chère Mère avait la bonne mine et les allures d'autrefois.

Dans une poésie gracieuse et touchante à l'adresse du Très Révérend Père, l'une des Sœurs montrait l'impuissance du prêtre à réaliser les désirs de son zèle (car on était en pleine guerre, en pays envahi), ensuite elle fit allusion à la longue vie sacerdotale du Très Révérend Père, qui répondit avec sa bienveillance accoutumée, en relevant quelques passages qui lui allaient particulièrement au cœur.

Notre Chère Mère lui exprima alors sa reconnaissance pour tout ce qu'il avait fait pour l'Œuvre du Cœur de Jésus, et il lui dit simplement : « J'ai fait ce que j'ai pu, vous aviez déjà commencé, Chère Mère, je vous ai toujours aidée de mon mieux. »

Dans une petite exhortation intime, saint Jean nous fut montré par le Très Révérend Père comme modèle dans les voies de la sanctification et de la perfection, étant le seul des évangélistes qui ait compris et retenu le discours de la charité après la Cène, et qui, jusqu'à l'âge de cent ans, répétera aux disciples et aux fidèles de son temps : « Mes petits enfants, aimez-vous les uns les autres. »

Nous, Chère Mère, nous avons comme saint Jean les infirmités de la vieillesse... Votre Chère Mère vous répétera aussi les mêmes paroles, n'est-ce pas, Chère Mère ? et Chère Mère de répondre : « Je suis bien malade, je ne puis plus leur parler ; mais je suis avec elles de cœur, et puis... je reviendrai peut-être encore à la santé. »

En ce moment, notre Chère Mère avait de nouveau une lueur d'espoir, mais, après l'avoir partagée avec elle, on ne tarda pas à la voir s'évanouir.

Le premier jour de l'an 1916, fête de la Circoncision de Notre-Seigneur, il y eut réunion générale de toute la Communauté dans les deux cellules de notre Chère Mère et de la Mère Assistante. Notre Chère Mère, qui avait les idées assez nettes pour le moment, raconta l'arrivée de la Communauté à Molain, selon le récit qui en a été fait plus haut.

Une postulante nouvellement admise voulut offrir à notre Chère Mère un châle de laine blanche, qui lui semblait trop beau pour son usage personnel, mais Chère Mère le refusa à plusieurs reprises ; enfin, vaincue par les instances de la jeune fille, elle l'accepta, et avec son bon sourire lui dit gracieusement : « Votre Mère n'en a pas besoin, mon enfant, mais puisque vous êtes si gentille, je l'accepte et le porterai jusqu'à ma mort, et quand j'aurai pris mon essor, il vous reviendra et vous sera un bon souvenir [1].

Le jour de la fête de l'Épiphanie 1916, notre Chère Mère, très accablée par la souffrance, ne dit que quelques mots aux Sœurs qui la visitaient après le dîner. Elle leur rappela que c'était l'anniversaire de notre petite chapelle de bois, bénite le 6 janvier 1874, et quelle reconnaissance on devait au Cœur de Jésus pour toutes les grâces qu'il avait daigné accorder à la Communauté dans ce sanctuaire aimé.

---

1. Ce fait sans importance, si l'on veut, se réalisa parfaitement car, lors de l'évacuation, 10 mars 1917, on emporta le châle de laine pour la vénérée malade, et lorsque Chère Mère eut rendu son dernier soupir, cette jeune fille qui, pour raison de santé, avait dû rentrer dans sa famille, se fit un devoir, quoique de très loin, de venir assister aux funérailles. Lorsqu'après l'enterrement, elle fit à la Mère Assistante sa visite de condoléances, elle réclama naturellement quelque objet, qui eût été à l'usage de notre Chère Mère, pour laquelle d'ailleurs elle avait une sorte de culte ; la Mère Assistante pensa de suite à lui rendre le précieux châle que notre Chère Mère avait porté jusqu'à la veille de sa mort et, en le recevant, la jeune fille se rappela et redit les paroles de Chère Mère : « Quand j'aurai pris mon essor, alors il vous reviendra et vous sera un bon souvenir ! »

Le 11 janvier, notre Chère Mère aborda les Sœurs avec son meilleur sourire. Elle avait parfois de ces moments où elle entrait quelque peu en enfance et s'en rendait bien compte, aussi dit-elle aimablement : « Si vous ne devenez semblables aux enfants, vous n'entrerez point dans le royaume des cieux... Moi, je suis plus enfant que vous... Mon père m'aimait beaucoup à cause de ma simplicité etc... Il était bon, mon père, et charitable pour tous, on lui demandait souvent conseil pour des affaires de justice, car il était avoué. » Alors elle raconta l'anecdote, citée plus haut, de cette pauvre femme qui venait le déranger pour un litige, pendant son repas, et pour laquelle, avec un empressement admirable, il avait tout laissé, répondant à sa femme qu'il ne se hâterait pas davantage si c'était une princesse !

Le 14 janvier, notre Chère Sœur Marie de la Croix, de pieuse et chère mémoire, qui était alors presque complètement aveugle, apporta, après le dîner, une lettre que notre Chère Mère lui avait écrite jadis et à laquelle elle tenait d'ailleurs beaucoup, bien que, depuis longtemps, ses yeux voilés par la maladie ne lui permissent plus de la relire. Cette lettre, datée du 14 septembre 1901, était ainsi conçue :

Chère fille et sœur (in Corde Jesu.),

« Nous n'oublions pas à Nazareth (nom qu'on donnait familièrement à la Maison-Mère de Saint-Quentin) que l'Exaltation de la Sainte Croix est la fête de votre nom de religion et nous avons toutes prié pour vous de tout notre cœur.

« J'aurais voulu que ce petit mot puisse vous arriver aujourd'hui, mais nous avons eu la visite de notre bon Père Supérieur et le temps m'a ainsi manqué.

« Le moment du grand sacrifice approche, nous allons préparer notre déménagement et, le 25 de ce mois, toutes les Servantes du Cœur de Jésus prendront, comme d'autres de leurs Sœurs en religion, le chemin de l'exil.

« Si vous pouvez quitter votre malade, je vous invite donc à venir nous voir avant le 25 de ce mois, sans cela vous ne trouverez plus *personne*. Mademoiselle de X..., si bonne et si charitable, vous permettra de venir pour un jour, car, même si nous partons, vous pouvez rester, puisqu'il est convenu que vous et encore d'autres de nos Sœurs resteront en habit religieux comme garde-malades. Quand vous viendrez, nous vous dirons à quelles conditions vous pouvez rester ainsi.

« Que le Cœur de Jésus vous fasse aimer de plus en plus la croix, car c'est sur la croix que son cœur s'est immolé pour notre salut et s'est laissé percer par la lance. Aimez donc, Chère Sœur, la croix de Jésus, qui est pour nous chaque épreuve, chaque sacrifice, chaque souffrance que la Volonté divine voudra nous imposer. C'est par là que nous Lui prouverons que nous L'aimons véritablement et fortement comme Il le demande des âmes qui Lui sont consacrées.

« Présentez mon respect à Mademoiselle de X... dont je suis heureuse d'avoir fait la connaissance et à Monsieur et Madame, quoique je n'aie pas l'honneur de les connaître personnellement.

Pour vous, chère Sœur, je prie le Cœur de Jésus de vous bénir et reste dans ce Cœur Sacré :

Votre toute dévouée Mère,

(signé) Marie du Cœur de Jésus. »

La Mère Assistante faisait alors ressortir l'esprit d'abandon dont la précieuse missive était remplie, sans se soucier de la présence de la vénérée Mère, qui avança la main pour la saisir. Craignant qu'elle ne voulût la détruire, on la lui refusa ; alors elle dit : « Il ne faut pas la conserver, à quoi bon ?... » et voyant qu'on y tenait et qu'on la lui refusait, d'ailleurs très gentiment, elle ajouta simplement : « Je ne saurai plus jamais en faire autant. »

Le 2 février, quand notre Chère Mère se vit entourée de toutes ses chères professes, elle commença par dire : « Aujourd'hui, c'est le jour anniversaire de la chapelle de Colmar : une grande grâce ! et depuis nous en avons eu beaucoup d'autres. Depuis si longtemps j'ai prié, j'ai travaillé, j'ai souffert, j'ai pleuré, les secours ne nous ont jamais manqué !

« Je resterai peut-être encore un peu de temps avec vous, ce sera comme le bon Dieu voudra. D'ailleurs vous avez une Mère ici, là, » dit-elle, nous désignant de la main la Mère Assistante.

Après un silence, la Sœur aveugle, dont il a été question plus haut, dit à Chère Mère avec cette grâce et cette amabilité qui la caractérisaient : « Chère Mère, je vous entends, mais je ne vous vois pas, savez-vous ? » Et Chère Mère de lui répondre affectueusement : « Si vous ne voyez pas votre Mère, cela ne fait rien, vous l'avez certainement dans le cœur. »

Comme nous nous inclinions pour recevoir la bénédiction de Chère Mère, afin de partir à l'office de vêpres, qui était déjà sonné, elle nous dit d'un air mécontent : « Il faut prier avant de partir » ; alors la Mère Assistante commença le *Sub tuum* auquel toutes les Sœurs présentes s'unirent, mais cela ne suffisait pas à la pieuse Chère Mère qui dit de nouveau : « Vous partez sans prier ? » Comme sa santé ne lui permettait plus de se rendre aux vêpres, elle aurait voulu y suppléer en priant avec nous, mais l'heure étant déjà passée, nous dûmes forcément la quitter.

Le dimanche 6 février, à une heure et demie, notre Chère Mère fit une apparition à la fenêtre de sa cellule, comme elle le faisait si volontiers pour dire quelques mots affectueux et édifiants aux Sœurs qui sortaient après le dîner prendre l'air au jardin. Elles avaient pris l'habitude de s'arrêter sous la fenêtre préférée, après y avoir jeté un regard furtif, avec l'espoir que la Mère Assistante aurait le talent de leur ménager une agréable surprise. Car aussitôt que notre Chère Mère pouvait se tenir un peu sur les pieds, elle la tirait plutôt qu'elle ne la soutenait, pour répondre au désir des Sœurs qui attendaient pleines de confiance la bonne Mère. Celle-ci arrivait enfin, le visage épanoui à la vue de ses enfants, disant à chacune le bon mot du cœur qui réconfortait, réjouissait ou relevait.

Ce jour-là, elle s'était aperçue que deux anciennes manquaient au groupe des Sœurs groupées sous sa fenêtre. Elle demanda où elles étaient : On lui répondit qu'à cause du grand froid elles étaient restées à la salle : « Oh ! dit-elle avec un sourire malicieux : ce sont deux vieilles femmes. »

Ensuite elle rentra pour casser elle-même quelques petits desserts qu'une bienfaitrice qui la savait malade lui avait envoyés et qu'on lui conservait très précieusement pour les lui offrir, quand elle ne pouvait rien prendre de plus substantiel. Malgré la résistance de sa chère Assistante, qui avait tant de peine à lui procurer quelques douceurs, elle s'obstina et la petite réserve disparut en un instant. Elle obligea même un jour la Mère Assistante à offrir aux Sœurs, avec le regret de notre Chère Mère de ne pouvoir descendre elle-même, les si précieux gâteaux réduits à leur plus simple expression. Mais Chère Mère l'avait dit : « Cette fois, c'est pour les professes, » et elle avait insisté fortement pour qu'on partageât aux seules professes le contenu de la petite assiette. Pour les novices, elle avait toujours quelque chose en réserve et elle le leur offrait affectueusement, quand sa santé lui permettait de les faire monter chez elle.

En général, elle recevait une fois les professes et une fois les novices ; mais si, à l'occasion, il fallait passer un tour, elle avantageait toujours et justement ses chères professes.

Le 19 février, à la petite réunion des quelques anciennes qui allaient chaque jour prendre des nouvelles de la chère santé et s'assurer par elles-mêmes de son état, la conversation s'engagea sur ses photographies qu'on avait envoyées depuis quelque temps à toutes les maisons de la Congrégation et qui devaient être arrivées, pensait-on, à destination. Alors, notre Chère Mère demanda si on n'en enverrait pas aussi une à Tante Marie (sa sœur puinée pour laquelle elle avait un attachement très profond et très surnaturel.) On lui répondit que c'était fait et que, sans doute, elle était déjà en possession de sa chère Oliva : « Oh ! dit Chère Mère, avec un sourire ineffable, celle-là ! » — « Vous l'aimez donc bien, demanda-t-on. » — « Oh ! je crois bien, elle a toujours eu pour moi plus d'affection que tous les autres ; et ma vocation, elle l'a aussi toujours mieux comprise. Elle a toujours vécu au milieu du monde, mais son cœur n'a pas changé, c'est une sainte, elle est si fervente, oh ! si vous saviez ?... »

Le 25 février, pendant que la Mère Assistante était allée à la chapelle pour y faire son adoration, notre Chère Mère envoya chercher la Sœur Économe. Celle-ci, très intriguée, s'empressa d'accourir ; alors Chère Mère se redresse sur son lit et, avec une mémoire tout à fait claire, lui intime l'ordre de faire rentrer de suite une somme assez importante, qu'elle savait en dépôt pour l'instant. Il fallait s'ingénier pour attendre le retour de la Mère Assistante, qui avait dû forcément, à cause de la maladie de notre Chère Mère, prendre la direction de la Communauté et même de la Congrégation tout entière. Et afin de gagner du temps, la Sœur Économe lui fit valoir mille raisons qui rendaient la chose très difficile, en ces temps calamiteux de guerre sans fin. Brusquement elle changea de sujet : « Savez-vous, Chère Mère, qu'un bon mouvement se produit en faveur de la religion ? On en augure un renouveau de christianisme après la guerre. » Alors notre Chère Mère, sans remarquer le subterfuge, s'écria joyeusement, frappant les mains : « Oh ! quel bonheur ! » Puis elle revint sur la question d'argent. A bout d'arguments, la Sœur Économe lui dit : « Chère Mère, avez-vous donc besoin de quelque chose ? — Oui et non. » Et prenant un petit air d'intimité, Chère Mère lui dit amicalement : « Mais n'est-ce pas, en ce moment on doit toujours avoir un peu d'argent, il y a tant de nécessiteux ? » De fait, cette question de finances qu'elle avait toujours traitée avec indifférence, avec dédain même, tant son caractère était généreux, cette question d'argent, à mesure qu'elle croissait en charité, était devenue une sorte de souci, et aussitôt qu'elle entendait le récit d'une misère, elle disait : « Eh bien ! je vais donner quelque chose, j'ai ici ce qu'il faut ! » Et, ouvrant son tiroir avec une petite moue de satisfaction, elle en tirait les billets en circulation qu'elle trouvait toujours trop peu nombreux et de valeur insuffisante.

Enfin la Mère Assistante revint près d'elle et n'eut pas de peine à la convaincre de l'inutilité de cette démarche, car notre Chère Mère lui était d'une soumission, si l'on peut dire, à toute épreuve.

Un jour qu'on prononçait devant notre Chère Mère le nom d'une châtelaine millionnaire, avec laquelle elle était et resta jusqu'à sa mort en relations très intimes, entendant dire qu'elle ne pouvait se procurer des œufs, elle ouvrit prestement le fameux tiroir et, sortant un billet de cinq francs, elle le tendit à l'Économe et lui dit qu'elle devait écrire de sa part à cette demoiselle et lui offrir ce secours, qu'elle y tenait absolument, qu'elle ne pouvait supporter la pensée que la châtelaine manquât des aliments indispensables. Elle ajouta encore quelques phrases pleines de courtoisie et de délicatesse qui devaient accompagner l'offrande et la faire accepter. En vain, voulut-on faire comprendre à Chère Mère qu'avec de l'argent même on ne pouvait se procurer des œufs en temps de guerre, on dut, sur ses instances réitérées, qui allaient jusqu'aux larmes, se résoudre à écrire la lettre, et la lui lire. Inutile d'ajouter que la fameuse lettre ne fut jamais envoyée à son adresse, pas plus que le pauvre billet de cinq francs, qui eût fait maigre figure dans les coffrets de la noble demoiselle !

Le 26 février, notre Chère Mère était assez bien et nous parlait de ses ardents désirs d'autrefois d'aller au Carmel ! « Dieu avait d'autres desseins sur moi, dit-elle ; la Supérieure des Réparatrices m'aurait reçue volontiers ; mais tout en lui étant intimement unie, je ne me sentais pas attirée de ce côté ; c'est alors que Dieu me communiqua ses lumières et, après avoir résisté et versé bien des larmes, je dus me rendre enfin et je me dis : je fonderai, puisqu'il le faut ! Tous les obstacles allaient s'aplanissant, le bon

Dieu me conduisait dans cette voie nouvelle, mais autour de moi on riait et on disait : « Que sait-elle donc celle-ci, qui n'est pas même religieuse ! »

Le 19 mars 1916, fête de saint Joseph, Protecteur et Pourvoyeur de la Communauté, on parla tout naturellement de ce bon Père et notre Chère Mère invita chaque Sœur à raconter un trait tout particulier de saint Joseph. L'une après l'autre, toutes s'exécutèrent simplement et de bonne grâce, en apportant leur quote-part à l'animation générale. Rien cependant n'est plus intéressant que l'anecdote racontée par la Mère Assistante : « Le baptême du berger ». Nous devons la rapporter ici par manière de digression.

C'était pendant le séjour de Mère Ignace en Alsace. Un certain berger de Dauendorf, protestant de religion, avait été amené à se convertir par les récits des missions qu'on lisait fréquemment dans une famille qu'il fréquentait assidûment. C'était une famille patriarcale et foncièrement chrétienne, qui se composait presque exclusivement de missionnaires, de prêtres et de religieuses, dont l'une finit saintement sa vie dans la Congrégation des Servantes du Cœur de Jésus, après l'avoir édifiée par des vertus solides et une mort angélique [1].

Les noms connus des membres de la famille et dont parlaient ces récits ajoutaient encore à l'intérêt.

Comme le berger devait faire son abjuration et être baptisé dans l'église de Dauendorf, Monsieur le Curé du village, l'Abbé Martz, qui était un habitué du couvent, autant qu'un généreux et puissant protecteur, invita la Supérieure à lui servir de marraine. Pendant ce récit, notre Chère Mère qui écoutait attentivement, interrompit Mère

1. Voir l'appendice, page 210.

Ignace, et avec une expression de joie surnaturelle : « Oh ! je me rappelle très bien, vous lui parliez et l'instruisiez bien souvent. »

Après la cérémonie du baptême, Mère Ignace invita son filleul à venir déjeuner au couvent, mais il dut s'excuser, étant déjà retenu par Monsieur le Curé ; pourtant il promit de venir le lendemain.

En attendant, l'heureuse marraine prépara des souvenirs pieux, chapelet et médailles qui devaient remémorer les grâces d'un si beau jour !

Ce fut en vain qu'on attendit, le lendemain et les jours suivants, celui qui avait été l'objet des prédilections divines.

Enfin, un beau matin, deux bons paysans se présentent au parloir. La bonne Sœur portière vient annoncer à la Supérieure la visite de son filleul. On les fait entrer très aimablement et enfin on les presse de se mettre à table pour déjeuner. Puis, Mère Ignace se met en devoir d'offrir à son filleul les petits souvenirs qu'elle avait préparés pour lui. Il accepte simplement. Alors elle lui demande s'il est baptisé ; sur sa réponse affirmative, elle lui rappelle les grandes grâces qu'il a reçues en ce jour mémorable de son baptême, comme il devait rester fidèle, etc., etc. Alors, elle s'aperçoit que son filleul avait un air tout drôle. Mais enfin, dit-elle, vous êtes pourtant le protestant baptisé dans l'église du village, il y a quelques semaines ? « Mais pas du tout, dit l'autre. » Alors tout s'explique : l'un d'eux était un bon paysan de Dauendorf et l'autre son ami, à qui il avait proposé de lui faire visiter le couvent en manière de passe-temps. Il faut dire que les visites, alors, n'étaient pas rares, à cause du grand nombre d'infirmes et de malades qu'on soignait dans l'établissement.

Les deux amis avaient fait un bon repas, mais la Supérieure reprit au filleul supposé le chapelet qu'elle destinait au berger et qu'elle tenait à lui offrir.

Et les Sœurs de rire de bon cœur, en entendant cette plaisante mystification !...

Le 25 mars, fête de l'Annonciation de la Très Sainte Vierge Marie, avant la Grand'Messe qui devait être chantée à 7 heures, Monsieur le Vicaire de Saint-Martin porta la sainte Communion à notre vénérée Chère Mère. Mais elle se fit un devoir de venir à la chapelle, soutenue comme toujours par son Assistante, pour assister à la Messe basse d'actions de grâces, célébrée par le R. P. Dehon.

Après le déjeuner, le Très Révérend Père fit à la Communauté réunie à la salle des professes, une instruction toute cordiale sur la fête du jour. Puis il ajouta quelques mots relatifs à la naissance de Chère Mère « avec laquelle nous avons bien travaillé autrefois — dit-il — ensuite, j'ai dû aller à Rome, ce qui a forcément diminué les relations. — Chère Mère lui répondit avec un esprit de foi qui ne la quittera jamais : « Je regarde comme une grande grâce chacune de vos visites, et elle ajouta, en toute simplicité, avec une nuance de mélancolie : « Je me sens mieux, peut-être que je me remettrai encore un peu ? » — « Mais oui, mais oui, Chère Mère, il faut que vous revoyiez encore les Supérieures de vos maisons, et aussi les Sœurs anciennes ; vous ne pouvez plus voyager, mais elles viendront. » Après quelques mots encore d'encouragement, le R. P. Dehon donna sa bénédiction et se retira.

On offrit alors à la vénérée malade les vœux de fête pour célébrer le soixante-dix-neuvième anniversaire de sa naissance. On lui lut, pour la circonstance, un dialogue très pieux et très filial, qui rendait bien les sentiments de la Communauté, conservant l'espérance de lui voir recouvrer la santé désirable et reprendre, pour de longues années, le gouvernement de sa Congrégation.

Vint ensuite la lecture d'une pièce de vers relatant les principaux épisodes de la jeunesse de la bonne Mère. Ces traits saillants de sa vie semblaient la ranimer. Elle s'intéressa beaucoup à cette lecture et dit naïvement : « C'est moi, n'est-ce pas ? » Elle interrompait même de temps en temps la lectrice pour relever certaines strophes, qu'elle paraphrasait très clairement, avec une maternelle bienveillance, ce qui n'ajoutait pas peu à l'intérêt que la poésie avait déjà par elle-même.

L'après-midi de cette chère fête de l'Annonciation, notre Chère Mère vint assister à l'office de Complies qu'on chanta avec une solennité et un entrain tout nouveaux. L'office terminé, elle resta encore un moment avant de partir et se recueillit un instant pour nous adresser quelques mots d'édification et d'espérance. Son cœur débordait de reconnaissance d'avoir pu passer cette bonne journée au milieu de ses filles : « Mes chères enfants, j'ai été malade, dit-elle, vous le savez, cela va mieux et peut-être cela se remettra assez pour que je revienne au milieu de vous ; mais je vous en conjure, priez ! priez ! priez !... pour tout ce qui se fait en ce moment... mais surtout pour que vous soyez saintes, autant que possible ; et priez, priez !... » Toute son âme passait dans ce mot : priez, qu'elle répétait chaque fois avec une intonation nouvelle, qui répondait à sa ferveur et rendait l'amertume de ses sentiments intimes pour qui connaissait son patriotisme d'alsacienne. Pour rester française elle avait tout abandonné et elle voyait sa patrie, sa chère patrie, sa France tant aimée, aux mains de l'envahisseur ! Ah ! si elle avait pu soulever le voile de l'avenir !...

CHAPITRE XIII

SOUVENIRS LOINTAINS

Le lendemain dimanche, les Sœurs professes étaient invitées à se réunir dans la cellule de notre Chère Mère pour entendre la fin de la poésie commencée le jour de l'Annonciation, et dont la lecture avait dû être interrompue à cause de l'heure du saint office. Mais la bonne Chère Mère, désireuse de savoir la fin, avait mis cette condition que les Sœurs professes se réuniraient le dimanche suivant à cette occasion.

Heureuses de profiter d'un moment d'entretien avec leur bonne Mère, plutôt que de lecture, les Sœurs se seraient bien gardées de lui rappeler la pièce de vers interrompue. Mais Chère Mère ne l'avait pas oubliée et dès que les Sœurs furent réunies toutes et placées, ce qui demandait toujours un certain temps, elle demanda avec autorité que la Sœur, auteur de la poésie, se mît en devoir d'en achever la lecture.

Chère Mère rit de bon cœur lorsqu'on rappela notre chère Sœur Marie de la Providence et son bouquet !

Le trait est assez saillant. C'était à Colmar, à l'aurore de la Congrégation, la veille de la fête de saint Charles. Notre Chère Mère, toujours attentive à faire plaisir quand cela était en son pouvoir, rappela aux Sœurs que le lendemain était la fête de Monsieur l'Aumônier. On se mit donc à l'œuvre pour le modeste cadeau de fête, mais il fallait nécessairement un bouquet. Notre chère Sœur Marie de la Providence, déjà citée pour son dévoûment, s'offrit pour en faire l'achat et partit en hâte, malgré le froid intense, avant-coureur de l'hiver.

> Or, par la nuit surprise,
> La Sœur en cheminant,
> S'égare par méprise
> Et tombe dans l'étang.

Et la voilà... dans l'eau, portant entre ses mains la gerbe désirée !...

> Mon bouquet ! clame-t-elle,
> Le bouquet attendu !
> O l'épreuve cruelle !
> Serait-il donc perdu ?
>
> Mais, vaillante et superbe,
> La main dressée en haut,
> Elle a sauvé sa gerbe
> Des atteintes de l'eau.

Notre Sœur rentre enfin, toute trempée et glacée.

> Elle rentre, on s'empresse
> De réchauffer ce corps,
> Où se peint la détresse
> Et le froid de la mort.

La Chère Mère l'envoie se reposer, et de sa propre main, prépare le remède.

> La Mère vient à l'aide,
> L'air calme et souriant,
> Et prépare un remède
> Qu'elle dit tout-puissant.

Du doux nectar, notre Mère, angoissée, attendait l'effet.

Rendue à la santé, notre Sœur se reprit à vivre et à se dévouer.

> O prodige ! ô merveille !
> Après l'avoir goûté,
> La chère Sœur s'éveille,
> Brillante de santé.
>
> Du philtre salutaire
> Ne cherchez point l'apprêt,
> Car jamais notre Mère
> N'a livré son secret.
>
> Mais, entre nous, je pense
> Et crois de plus en plus
> Que c'est sa confiance
> Dans le Cœur de Jésus !

Le 27 mars, notre Chère Mère nous parla un peu des commencements de l'Œuvre : « Lorsque nous sommes arrivées à Strasbourg, dit-elle, il y avait dans la maison que nous habitions, des jeunes filles pauvres, ramassées un peu partout. La Directrice de cette œuvre ayant tout abandonné, ces pauvres enfants pleuraient et me suppliaient de m'occuper d'elles ; le R. P. Jenner, mon Directeur, me demandait de prendre ces enfants à ma charge ; mais je refusai, ne voulant pas m'engager, puisque j'espérais entrer au Carmel. Monseigneur de Strasbourg me pria de m'en occuper seulement jusqu'à ce que je pusse réaliser mon désir ; j'acceptai à cette condition. En attendant, ma mère se donnait de tout cœur à l'œuvre ébauchée, elle fournissait tout ce qu'il fallait, se dépensait sans compter, allait elle-même au marché et consacrait toutes ses ressources pour l'avantage de ces pauvres jeunes filles : Ma mère ! oh ! quelle sainte femme !...

Lorsque nous quittâmes Strasbourg pour aller à Colmar, ma mère alla habiter Bollviller avec Madame Scherrer, qui était veuve et dont le fils Stanislas fut placé plus tard à l'Institution Saint-Jean et sa fille Maria à la Croix. Mon frère Alphonse étant mort, ma belle-sœur alla rejoindre ma mère à Bollviller et c'est là qu'elle fit cette maladie mortelle dont elle fut miraculeusement guérie par l'intercession de saint Joseph.

Dès qu'on eut commencé la neuvaine à ce saint Patriarche, ma mère jeta tous les médicaments ordonnés par les médecins dans la petite rivière de Barr, qui passait sous les fenêtres, afin qu'il fût bien avéré que la guérison était surnaturelle, car elle était remplie de foi et ne doutait pas du miracle.

Ma belle-sœur avait promis de se consacrer à Dieu et de finir ses jours dans la Congrégation, si elle obtenait sa guérison. Revenue à la santé, elle accomplit sa promesse et se dévoua de longues années encore, sous le nom de Sœur Marie-Oliva, dans les œuvres extérieures, particulièrement à l'Institution Saint-Jean, où elle prodiguait des soins maternels aux plus petits des pensionnaires qui retrouvaient en elle la mère qu'ils avaient laissée au foyer. »

Le 2 avril, nous retrouvons notre Chère Mère beaucoup mieux. Elle parle de son voyage à Rome et redit son impression sur Léon XIII : « C'était une vraie majesté avec une auréole de sainteté. Il avait quelque chose de divin. » Il surpassait, d'après elle, tous les hommes éminents qu'elle avait jamais vus.

Ensuite, on effleura différents sujets, quand tout à coup elle dit à son Assistante : « Je ne sais vraiment comment je suis venue ici ? » Mère Ignace lui rappela alors que le R. P. Jenner, qui l'avait dirigée à Strasbourg, avait été appelé à la résidence de Liesse, où on l'employait souvent pour prêcher des retraites aux environs.

Après avoir pris son repas dans son cabinet de travail, le lundi de Pâques, 24 avril, notre Chère Mère avait une mine si décomposée, qu'elle faisait une douloureuse impression. Elle se remit tout doucement et reprit assez de forces pour venir vers deux heures présider un moment la récréation.

Trois de nos Sœurs lui lurent un dialogue composé pour la circonstance. Il s'agissait de saint Pierre, refusant l'entrée au ciel à une bonne vieille Supérieure Générale, qui sollicitait avec instance le repos éternel. Elle se prévalait de son grand âge et de ses nombreux travaux. Saint Pierre lui représentait énergiquement qu'il n'y avait plus de paix en paradis depuis qu'elle était malade : ses filles faisaient neuvaine sur neuvaine, tout était en mouvement : la poste, le télégraphe, le téléphone. Tous les saints étaient constamment dérangés, depuis sainte Marguerite-Marie, jusqu'à saint Gérard Majella. La vieille Supérieure avait beau récriminer, saint Pierre protestait avec vigueur qu'elle n'avait pas fini sa tâche, qu'elle avait encore beaucoup de bien à faire aux professes, aux novices et aux postulantes et que, tout bien examiné, elle devait se résigner à rester encore quinze ans sur la terre ?... Alors notre Chère Mère, qui sentait parfaitement que c'était une allusion au désir qu'on avait de la conserver longtemps encore, malgré son impuissance apparente, répondit avec ce sourire maternel qu'on lui connaissait si bien : « Mes enfants, je resterai encore avec vous, si le bon Dieu le veut. »

Ensuite, elle manifesta son désir de s'établir au rez-de-chaussée, pour être plus à proximité de la chapelle et des salles communes puisqu'il lui était si difficile de descendre l'escalier et encore plus de le remonter.

La récréation étant achevée, notre bonne Chère Mère

suivit sa *chère* Communauté aux Vêpres solennelles. Elle demeura à la chapelle jusqu'à ce que l'office des Complies fût terminé. Elle attendit que toutes les Sœurs fussent sorties, alors elle se leva pour partir, accompagnée de son Assistante, qui la précéda, en lui tenant les deux mains, afin que ses pieds, alourdis par l'enflure et qu'elle était obligée de traîner, ne vinssent à s'embarrasser dans les tapis.

A la deuxième Messe du lundi de la Pentecôte, 11 juin, célébrée par le très bon Père, les Sœurs renouvelèrent leurs saints Vœux. Vers neuf heures, dans une instruction sur « les noces de l'Agneau, » divisée en trois points : 1er la préparation à la noce, 2e la célébration de la noce, 3e la vie intime des époux après la noce, il fait une allusion gracieuse et touchante à la cérémonie du matin : la rénovation des Vœux d'une dizaine de Sœurs.

« Dans les noces humaines, dans les unions terrestres, disait le T. R. P. Dehon, en terminant, les défauts se révèlent à mesure qu'on se connaît davantage ; mais dans l'union avec le Fils de Dieu, c'est le contraire : Jésus sera toujours plus beau, plus aimable, plus généreux, à mesure que l'union sera plus étroite.

Oh ! quelle journée de joie !... passez-la dans l'allégresse... vous avez chanté le *Magnificat*, renouvelez-le... chantez le *Te Deum*, c'est un jour de bonheur !

Fortifiez-vous dans l'union de l'Époux, jusqu'à ce que, fatiguées de la terre, vous alliez le rejoindre dans l'éternité... »

Ce discours si éloquent dans sa simplicité remplit notre Chère Mère d'un tel enthousiasme qu'elle se leva seule et partit comme une flèche sans appui, jusqu'à la sacristie, pour remercier le très bon Père des sentiments qu'il venait d'exprimer.

Les Sœurs, habituées à entourer leur bonne Mère de toutes les précautions pour lui éviter un faux pas, se regardaient stupéfaites, craignant à chaque instant de la voir tomber, dans sa marche précipitée, avant que Mère Ignace, qui ne s'en était pas aperçue, pût l'atteindre pour la soutenir, mais, quelque diligence qu'elle y mît, elle arriva trop tard pour la seconder, car elle avait déjà rejoint le très bon Père et lui témoignait sa reconnaissance avec effusion.

Le 29 juin, fête des saints Pierre et Paul, deux Sœurs descendirent notre Chère Mère sur une chaise, pour lui permettre d'assister à la seconde Messe.

Vers deux heures de l'après-midi, les Sœurs se réunirent pour offrir les vœux de fête à Chère Mère, puisque le lendemain, 30 juin, tombait la fête du Sacré-Cœur. Rien ne marqua dans cette fête de famille sinon que, comme toujours, notre Chère Mère insista sur la prière.

Le 1er juillet 1916, la Congrégation tout entière fêtait le Saint Cœur de Marie, fête que Rome avait ajoutée avec quelques autres au calendrier perpétuel, et l'une des principales de la Congrégation.

Pour relever l'éclat de cette solennité et imprimer dans l'esprit des Sœurs la magnificence qu'elle comporterait désormais, on organisa une procession très solennelle du Très Saint Sacrement ce jour-là.

Cette procession eut lieu vers dix heures du matin, au son lugubre du canon ! Mais on comprenait qu'il fallait se hâter et qu'une protection divine nous avait seule ménagé une si précieuse faveur ; néanmoins tout se passa bien jusqu'au bout.

Aussitôt le dîner fini, au lieu d'aller en récréation selon la coutume, on s'occupe activement à débarrasser les objets les plus délicats qui ornaient les reposoirs ; quand tout-à-coup une commotion violente se produisit et retint sur place, avec son fardeau, chaque Sœur paralysée par la frayeur. C'était une explosion produite par des bombes lancées d'un avion sur un train allemand contenant des munitions de guerre et en station à la gare.

Après avoir rentré les candélabres et tout ce qui était de nature à se détériorer par un séjour trop prolongé au jardin, les Sœurs, novices et professes, se séparèrent et se réunirent dans leur salle respective, pour prendre un peu de récréation avant l'office des Vêpres. Alors une commotion plus violente encore que la première, et aussi plus terrifiante, éclata de nouveau : les fenêtres entr'ouvertes s'ouvrirent au large avec un fracas épouvantable, les Sœurs prises de panique s'enfuirent, à l'exception d'une seule que sa charge obligeait à prévenir les dégâts et à parer au danger autant qu'il se pouvait. Elle se mit en devoir de fermer les persiennes, car les projectiles éclataient jusque sous les fenêtres !

Quelques Sœurs, honteuses de leur poltronnerie, revinrent dans la salle, sinon pour aider la Sœur, du moins pour l'encourager par leur présence, car, pour avoir eu le courage de faire son devoir, la pauvre Sœur n'en était pas plus rassurée que les autres !

Les détonations continuèrent à intervalles rapprochés et comme on se rendait aux vêpres, la porte latérale de la chapelle, bien que fermée au verrou, s'ouvrit brusquement, les vitraux étaient à moitié brisés et les encadrements défoncés ; un peu plus tard, c'était le tour des fenêtres.

Les murailles du dortoir des novices, cependant solidement construites, se crevassèrent d'une manière effrayante, quarante vitres volèrent en éclats ; sans compter celles qui furent plus ou moins endommagées.

Notre Chère Mère était assez calme, elle s'était abandonnée à la volonté de Dieu ; mais comme les vitres de sa cellule éclataient, elle demanda qu'on la conduisît dans celle d'en face qui semblait plus sûre, n'étant pas exposée du côté de la gare.

Quoi qu'il en soit, bon nombre de personnes dont le témoignage était digne de respect, le T. R. P. Dehon d'abord, attribuèrent à une protection toute spéciale du Sacré-Cœur la conservation du couvent qui, debout au sommet de la colline et si près du lieu de l'explosion, devait être voué à une destruction complète ce jour-là [1].

On remplaça les vitres des fenêtres par des stores fixés à l'extérieur par des punaises, dans la crainte que la chose se renouvelât : c'était d'ailleurs du provisoire. Mais à force d'attendre, l'hiver approchait peu à peu ; alors le très bon Père, qui craignait que les Sœurs ne souffrissent trop de ce provisoire qui semblait devenir définitif, s'offrit d'envoyer son vitrier pour parer au plus pressé. On n'eut pas à le regretter, car, malgré de justes appréhensions, le fait ne se renouvela pas.

Au centre de la ville, par suite de cette même catastrophe, des vitres sans nombre avaient volé en éclats. Autour de la gare et place du Huit-Octobre, à 200 mètres de là, les murs s'effondrèrent. La belle basilique de Saint-Quentin y perdit non seulement certains vitraux, mais une énorme pierre de taille s'étant détachée de la voûte du chœur, vint s'abattre sur le maître-autel et y causa des dégâts considérables.

Le nombre des blessés avait fait transformer la basilique

---

1. A vol d'oiseau, la gare de Saint-Quentin est à environ 800 mètres du couvent. Le couvent, bâti sur la hauteur du faubourg Saint-Martin, se trouve à proximité de la ligne du chemin de fer Saint-Quentin-Rocourt.

en ambulance, quelques jours après la terrible catastrophe ; on se proposait même (paraît-il) de faire de la sacristie une salle d'opérations, quand, tout à coup, on enleva les centaines de blessés entassés dans l'édifice et on en fit fermer toutes les issues. Des affiches en deux langues annoncèrent au public dans quelles églises ou chapelles de la ville on ferait dorénavant les offices pour remplacer ceux de la basilique.

Dans la petite causerie du 24 juillet, après le dîner, on parlait des chères Sœurs absentes : Sœur Marie-Stanislas, Sœur Marie-Mathilde, Sœur Marie-Léon de Jésus etc., etc., alors notre bonne chère Mère dit avec une expression de tendresse ineffable : « Après la guerre, elles viendront toutes ! *maman* l'a dit. (Depuis qu'elle était devenue impuissante, elle donnait presque toujours à son Assistante cet appellatif familier, qui traduisait mieux sa reconnaissance.)

Le 31 juillet, fête de saint Ignace, à sept heures précises, notre vénérée Chère Mère arrive à la chapelle ; le très bon Père va la communier à son fauteuil, car elle s'affaisse de plus en plus. Vers neuf heures, elle se fait de nouveau ramener à la chapelle pour entendre l'instruction du très bon Père sur les trois ferments répandus dans la sainte Église par saint Ignace : la vérité, le zèle pour le salut des âmes et l'amour.

L'instruction terminée, on s'attendait à voir notre Chère Mère aller à la sacristie remercier le très bon Père, mais elle était profondément assoupie à la suite d'une nuit d'insomnie ; si bien, qu'il fallut rester près d'elle une demi-heure encore et, si la Sœur qui travaillait ensuite à l'autel n'eût fait un peu de bruit, il est probable que son sommeil se fût prolongé encore.

Vers deux heures de l'après-midi, on offrit les vœux de fête à Mère Ignace [1]. Par trois fois notre Chère Mère essaya d'exprimer toute la reconnaissance et l'affection de son grand cœur pour Mère Ignace ; elle veut répéter à la Communauté toute la gratitude qu'on doit à la Mère Assistante pour ses longs et précieux services rendus à la Congrégation en général et à notre Chère Mère en particulier, et qui alors, plus que jamais, s'oubliait elle-même pour entourer sa vieillesse des soins les plus délicats et les plus constants. Elle ne pouvait supporter l'absence de Mère Ignace, sa présence était pour elle un impérieux besoin et, si elle était un moment sans se montrer, Chère Mère demandait avec angoisse : « Mais où est donc *maman* ? » et quand cette absence se prolongeait, ses yeux se remplissaient de larmes, tant elle avait peur de l'avoir mécontentée.

Les Sœurs, groupées autour de notre Chère Mère, le mercredi 2 août, parlaient entre elles de « Tante Marie », sa sœur préférée, dont on avait récemment reçu des nouvelles ; notre Chère Mère était accablée en ce moment-là, elle tenait même les yeux fermés et semblait ne pas se préoccuper de ce qui se disait autour d'elle, quand, tout à coup, elle éclata en sanglots et d'une voix tremblante d'émotion : « Elle ne parle pas de me revoir ? » dit-elle. On la consola, en lui assurant que Tante Marie, au contraire, se proposait d'accourir aussitôt la guerre finie.

Le lundi 7 août, vers dix heures du soir, un avion s'étant de nouveau montré, on entendit une explosion ; ce fut un

---

1. Mère Ignace, qui a rendu tant de services à la Chère Mère, a eu le bonheur de rester auprès d'elle à Soignies, d'assister à ses derniers moments et de lui fermer les yeux. De Chère Mère et de son Assistante on peut vraiment dire : *Cor unum et anima una !*

déchaînement si formidable que tout trembla dans la maison, comme au jour où on avait fait sauter des wagons chargés de dynamite (1er juillet).

Le lendemain, on inspecta les vieux immeubles avec soin et on fut émerveillé de la protection divine qui avait tout gardé. Pas une vitre n'était brisée, malgré le grand nombre qui étaient restées endommagées, depuis l'explosion du 1er juillet ; on ne put, malgré le plus minutieux examen, découvrir rien qui ressemblât au plus léger dégât. Cependant les éclats de schrapnels pleuvaient dru sur la pauvre chapelle de bois, tandis que les Sœurs y priaient pour obtenir miséricorde.

Notre Chère Mère fut aussi réveillée en sursaut. Elle ne s'effraya pourtant pas autant que les Sœurs, elle attendit bien patiemment que le calme fût rétabli.

Le soir du jour suivant, mardi, notre Chère Mère envoya sa garde dire à la Sœur réglementaire que si le canon recommençait, elle devait venir près d'elle. Mère Ignace, l'ayant entendue, fit dire à la Sœur en question de ne pas se déranger (la garde-malade ne quittant jamais Chère Mère).

Donc, cette même nuit, le canon tonna d'une façon plus effrayante, et Chère Mère, terrifiée cette fois, attendait impatiemment la Sœur qu'elle avait réclamée exprès pour le moment du danger. Ne la voyant pas arriver et ne sachant pas qu'on l'avait contremandée, elle répétait de temps en temps en patois alsacien : « Elle ne vient pas, la fille ? »

Le lendemain après le dîner, la Sœur vint comme d'habitude prendre des nouvelles de la santé de Chère Mère. Alors Chère Mère l'interpelle en lui disant : « Pourquoi n'êtes-vous pas venue cette nuit, comme vous me l'aviez promis ? » La Sœur dut répondre que Mère Ignace l'avait défendu.

« Eh bien ! dit Chère Mère avec bonté, si cela se renouvelle,
ne voudriez-vous pas m'ouvrir votre porte ? » Sur la réponse
affirmative de la Sœur, notre Chère Mère se sentit tran-
quillisée. Bientôt l'apparition des avions, ayant de nouveau
troublé la paix et provoqué la frayeur, la bonne Mère
attendait en silence que la Sœur vînt la chercher pour la
conduire chez elle, mais en vain. Le lendemain Chère
Mère lui dit : « Vous n'êtes donc pas venue me chercher,
hier ? » Mais, Chère Mère, répondit la Sœur, je vous atten-
dais ! Je me suis même levée au premier coup de canon
pour vous céder mon lit ! » Chère Mère de lui répondre,
avec son maternel sourire : « C'est gentil cela ! »

Notre Chère Mère est descendue de nouveau, le 15 août,
fête de l'Assomption de la Très Sainte Vierge. Elle a assisté
à la Grand'Messe et est venue à la récréation. Encore une
fois elle recommanda la prière et, tout à coup, dit avec
tendresse, en s'adressant aux Sœurs : « Le bon Jésus vous
aime bien, votre Mère vous aime bien et vos Sœurs vous
aiment bien ! » Elle voulait faire allusion aux chères Sœurs
absentes.

Le lendemain, notre Chère Mère aurait bien désiré descendre encore ; mais « *maman* n'est pas venue me chercher »
dit-elle simplement. La veille, elle ne paraissait pas trop
fatiguée, mais, à son âge, on redoute toujours les impru-
dences, il fallait absolument la ménager.

Le 21, fête de sainte Jeanne de Chantal, pas plus que
l'année précédente, on ne put chômer. On alluma seulement
deux bougies aux candélabres qui ornent les gradins de
chaque côté de l'autel. On doit épargner la petite provision
de cire qui va s'épuisant : il sera si difficile de la renouveler !

Il semble que le Cœur de Jésus ait voulu épargner à

notre vénérée Mère une insupportable douleur, car la maladie l'empêchait de s'apercevoir de la diminution du luminaire, qui allait se réduisant insensiblement, à mesure que se faisait sentir la pénurie de tout.

Notre Chère Mère était prodigue quand il s'agissait du trône eucharistique et, connaissant ce besoin de son cœur, on s'y conformait malgré la misère du temps. Messieurs les Ecclésiastiques trouvaient qu'une telle dépense surpassait nos faibles ressources, et quand Monsieur l'Archiprêtre (nommé provisoirement notre Supérieur à cause de la difficulté des communications) venait à la Communauté, il donnait la juste mesure à laquelle nous devions, naturellement, nous conformer.

En ce jour à jamais mémorable du 21, jour anniversaire de l'approbation de la Congrégation (21 août 1907), on chanta le *Te Deum*, comme chaque année.

Le 22, nous recevions de la vénérée main de notre Chère Mère quelques photographies de la procession du dimanche précédent. Mais elle avait tant pleuré d'être privée d'y assister qu'elle en était toute défaite.

Elle avait suivi du regard sa chère famille religieuse par la fenêtre de son cabinet de travail : elle avait même chanté avec les Sœurs qui défilaient devant elle : « Au ciel, au ciel, j'irai la voir un jour ! » Les dernières Sœurs qui fermaient le cortège et qui étaient les plus anciennes, ne purent résister au besoin d'envoyer au passage à leur vieille Mère malade, un petit sourire affectueux ; mais tout à coup son pauvre cœur éclata, la procession s'évanouissant à ses yeux, la laissa à ses sanglots. Seule, sa garde-malade était restée près d'elle, non pour la consoler, on n'y pensait pas même : quand le bon Jésus manifestait sa Volonté, notre Chère Mère s'inclinait dans une soumission et un abandon parfaits ; mais parfois la nature réclamait !

Elle vint quand même à la récréation et avoua qu'elle était très fatiguée ce jour-là, enfin elle s'excusa même de ne pouvoir nous adresser quelques mots comme d'habitude, elle souffrait de la peine que son isolement causait aux Sœurs. Avant de partir, elle dit pourtant affectueusement : « Je vous aime, vous savez. »

Le jour anniversaire de la mort de Sœur Marie de Jésus, notre Chère Mère descendit pour la grand'Messe et alla ensuite à l'instruction, vers neuf heures. Après le dîner, elle présida la récréation. On parla naturellement des derniers instants de Sœur Marie de Jésus [1].

Pendant ce récit (27 août 1916), notre Chère Mère pleurait à chaudes larmes : elle était dans un de ces moments où la mémoire lui faisait absolument défaut. Tout à coup elle dit : « Alors elle est morte ? elle est morte ?... combien y a-t-il de temps ?... — Trente-sept ans, Chère Mère. — Voyez, dit-elle, je l'avais oublié ! — Et doucement elle se remit de son émotion, la mémoire revenant de nouveau. Ce même jour, on lui offrit un tableau au fusain de Sœur Marie de Jésus ; notre Chère Mère en parut si heureuse, elle le comparait attentivement avec un autre qu'elle avait dans son cabinet de travail et disait aimablement : « Celui-là est plus beau, mais celui-ci... c'est elle ! oh ! c'est bien elle !... »

Le 29 août, notre Chère Mère était aussi bien que possible : elle s'intéressa à tout ce qui se disait autour d'elle, mais quand la Sœur économe voulut sortir, elle la rappela pour la prier de revenir l'après-midi avec les papiers, pour voir si tout était en règle, parce que, dit-elle, je pourrais bien partir au moment où l'on n'y pense pas.

1. Sœur Marie de Jésus. Voir appendice, page 207.

Au cours de cette visite de midi, elle dit à plusieurs reprises qu'elle descendrait le lendemain mercredi et que, du reste, elle resterait désormais en bas, *maman* ne pouvant pas tout faire.

Une douloureuse surprise attendait les Sœurs anciennes qui visitaient régulièrement la chère malade à midi. Le 30 août, notre Chère Mère paraissait avoir la bouche paralysée ; depuis le matin elle n'avait rien pris, encore que ses principaux repas fussent d'une extrême simplicité. Elle avait un teint cadavérique, la langue, comme roulée dans la bouche, ne pouvait articuler le moindre son. Les Sœurs étaient consternées. On voulut lui faire avaler une framboise, mais elle la rejeta aussitôt, comme tout ce qu'on avait essayé de lui faire prendre. Enfin elle but une goutte d'eau de saint Ignace, pas davantage. Elle nous regardait fixement l'une après l'autre. On lui dit qu'on allait chercher le Docteur, elle ne bougea pas ; mais alors on lui proposa de faire venir Monsieur le Curé de Saint-Martin et elle ébaucha un sourire de satisfaction. Elle semblait insensible et pourtant comprenait tout. La cloche ayant invité les Sœurs à l'office de vêpres, la Sœur économe lui demanda sa bénédiction avant de se retirer, aussitôt elle fit le geste, mais sans articuler une seule parole.

Pendant l'office, Monsieur le Curé arriva en hâte, étonné de trouver notre Chère Mère en si grand danger ; alors il l'obligea à prendre une cuillerée de sel et aussitôt elle rejeta tout un amas de glaires, ce qui la dégagea beaucoup et lui rendit en un instant la parole et la vie, mais on la mit au lit quand même, car on n'était pas sans inquiétude.

Si le dévoûment de Monsieur le Curé pour la Communauté lui avait depuis longtemps conquis la confiance de notre

Chère Mère, à partir de ce jour elle lui voua une reconnaissance plus vive que jamais.

Le lendemain jeudi, 31 août, vers dix heures du matin, une Sœur en charge se rendit près de Chère Mère pour juger par elle-même si le mieux se maintenait. Elle s'inclina d'abord devant Chère Mère qui, après l'avoir bénie, se mit à pleurer. La Sœur émue, s'avance, l'embrasse sur les deux joues en manière de consolation ; alors Chère Mère lui prit affectueusement la main dans les siennes, la retint longtemps contre son habitude et dit enfin : « Pensez, je n'ai pas encore reçu mon Jésus, ce matin... » — « Mais Chère Mère, répond amicalement la Sœur, nous vous l'avons toutes envoyé ce matin, le bon Jésus ! J'ai même fait, hier soir, un grand chemin de croix à vos intentions ; et à l'Heure-Sainte, ce soir, jusqu'à minuit, nous prierons encore beaucoup pour vous. » Alors Chère Mère sourit avec tendresse et avoua que quand elle avait dit quelques mots elle était très fatiguée... et la bénissant, elle la congédia. La Sœur lui dit alors : « Je reviendrai à midi. — Encore ? dit Chère Mère — Vous ne m'aimez donc plus dit la Sœur — Mais si ! mais je suis si fatiguée ! » C'était toujours Chère Mère avec son franc-parler : elle mourra sans avoir jamais su dissimuler.

A midi, on la trouva beaucoup mieux. Elle était même levée, et s'inquiétant de ne plus savoir son âge, elle le demanda à quelqu'une des Sœurs présentes. Puis, se ravisant : « Au fait, dit-elle, je ne m'en tourmente pas : quand il sera nécessaire, je le demanderai à l'une ou à l'autre. »

Notre Chère Mère dit tristement aux Sœurs qui l'entouraient, le 3 septembre : « Oh ! que je voudrais donc que mon Jésus m'appelle à Lui ! » Une des Sœurs présentes

lui répond : « Mais, Chère Mère, le très bon Père a dit
que vous ne deviez pas nous quitter pendant la guerre ;
et Chère Mère de répondre avec finesse : « Alors, après
la guerre, vous ne voudrez plus de moi ?... » Ensuite elle
ouvrit un petit sac dans lequel se trouvaient plusieurs
médailles, elle les distribua, et comme il n'y en avait pas
assez pour chacune, elle voulut qu'on enlevât celles de son
chapelet. On s'y opposa aimablement.

CHAPITRE XIV

ESPOIR DÉÇU

Notre Chère Mère rayonne de joie, car la Supérieure de Dauendorf l'invite à venir près d'elle. Il fait si calme dans ce petit coin retiré de l'Alsace. Notre Chère Mère s'informe près de chacune quand on pourra partir ; la guerre qui interrompt les communications est le seul obstacle. Enfin on tombe d'accord et, après avoir fait espérer à la digne malade que le fléau touche à sa fin, que tout sera fini pour l'hiver, on lui promet de partir au printemps. Chère Mère est bien heureuse et attend patiemment. Hélas ! il était trop vrai ; elle partit au printemps, mais pas pour l'Alsace !!!...

Le 24 septembre, fête de Notre-Dame de la Merci, on organisa une procession dans le jardin, en l'honneur de la Très Sainte Vierge. On partit au chant de l'*Ave maris stella* et, après avoir chanté quelques cantiques, on rentra en chantant les litanies, on avait juste fini sous les fenêtres de Chère Mère, on la salua au passage, mais elle commença à sangloter.

Vers deux heures, Chère Mère avait invité toutes les professes chez elle, elle les fait placer avec une minutie plus qu'ordinaire, ce n'est pas peu dire. Elle les fait avancer de plus en plus près d'elle, on est absolument entassé dans

sa petite cellule. Enfin, tout est dans l'ordre le plus parfait... Elle va pouvoir prendre la parole. Hélas ! elle ne
peut réunir ses pensées, les exprimer surtout ; alors elle dit
avec tristesse et presque en pleurant : « Je voulais vous
parler, il y aurait tant de choses à dire, mais je ne puis pas,
je suis comme une enfant. »

En présence de l'impuissance où se trouve notre Chère
Mère pour le moment, on lit aux Sœurs une ancienne poésie
du R. P. Barth Joseph, dans laquelle il traduisait sa reconnaissance pour Chère Mère, qui l'avait ramené d'Alsace
à Saint-Clément et lui avait par là ouvert les portes du sanctuaire [1].

On rappelle alors à Chère Mère que, non seulement elle
a des filles au ciel, mais aussi des fils ; elle ne revenait
pas souvent de voyage sans ramener un petit garçon ou
même plusieurs, de ces bonnes familles d'Alsace, catholiques de vieille roche, qui étaient trop heureuses d'offrir
au Seigneur un de leurs enfants. Notre Chère Mère les
confiait à l'école apostolique de Fayet, dite école Saint-
Clément [2], qui était tenue par les Prêtres du Cœur de Jésus,
afin qu'on les préparât au sacerdoce.

1. Le R. P. Joseph-Luc Barth, né à Dauendorf, missionnaire de la Congrégation des Prêtres du Sacré-Cœur, mourut à Banalya (Congo belge) en 1907.
Il avait composé cette pièce de vers à Fourdain, à l'occasion de sa prise d'Habit
en 1892.

2. Fayet, petit village à trois kilomètres au nord-ouest de Saint-Quentin.
L'école Saint-Clément y fut fondée en 1882 par le T. R. P. Dehon, pour le recrutement de la Congrégation.

En 1917, avant leur retraite *stratégique, méthodique et élastique,* les Allemands
dynamitèrent le château du village, l'église, l'école Saint-Clément et sa splendide chapelle dont il ne reste que le portail branlant ! Lors du déblaiement,
en 1924, on ne retrouva dans les ruines, au milieu des broussailles, que des
débris d'ex-voto... et un grand Christ, en fonte, aux jambes brisées à hauteur
des genoux !... La guerre !

Notre Chère Mère, faisant trève à sa tristesse, sourit doucement à la pensée de les retrouver là-haut, car elle parle presque continuellement de son départ pour le ciel.

Lundi 6 novembre, vers dix heures du soir, la maison est ébranlée d'une façon étrange et terrible ; toute la nuit se passe en secousses plus ou moins violentes, comme dans un tremblement de terre. C'est, paraît-il, l'explosion d'un dépôt au front de la Somme, à 40 kilomètres de là. Quelques Sœurs se lèvent, notre Chère Mère reste bien calme.

Le jour de la fête de la Présentation de la Très Sainte Vierge, 21 novembre, au cours de la Messe, neuf professes renouvellent les saints Vœux. A neuf heures, Messe solennelle présidée par Monsieur le Chanoine Démaret, Curé-Archiprêtre de Saint-Quentin. Monsieur le Chanoine Mercier, (Curé de la paroisse Saint-Éloi et ancien Aumônier de la Communauté), qui avait prêché la retraite, donna le sermon de clôture.

Notre Chère Mère assiste à tout et va même rendre visite à ses hôtes, après leur dîner. Ils sont si heureux de la revoir !... Pendant une heure on devise en toute simplicité et gaîté. Chère Mère raconte les premiers événements qui ont marqué les débuts de la Congrégation. Monsieur l'Archiprêtre parle de Sœur Marie de Jésus et rappelle quelques incidents fort étranges, pour n'en dire davantage, de la fin de sa vie, et chacun d'ajouter son mot sur les autres disparues !

Le 22 novembre, la Congrégation a quarante-neuf ans révolus : « Vous sanctifierez la cinquantième année et vous publierez la liberté générale à tous les habitants du pays, parce que c'est l'année du Jubilé,

Notre Chère Mère est descendue toute la journée, le jour de la fête de l'Immaculée Conception.

Le 24, à onze heures du soir, notre Chère Mère arrive pour la Messe de minuit et reste en prières jusqu'après Laudes.

Le jour de Noël, au cours de la récréation de midi qu'on fit dans sa cellule, Chère Mère nous dit : « Je ne puis plus penser à autre chose qu'à tout ce que le bon Dieu a fait pour nous ! » Ces paroles, qui exprimaient si sincèrement sa reconnaissance pour les grâces de choix que le Cœur de Jésus a répandues à flots sur sa chère œuvre, frappèrent les Sœurs qui les inscrivirent, pour la plupart, sur sa photographie qu'elle leur distribua, après l'avoir péniblement signée, car elle voulait l'offrir à toutes les Sœurs de la Communauté, et cela en souvenir de la fête de Noël 1916, la dernière qu'elle devait célébrer sur notre pauvre terre !...

Pour la fête de saint Jean, on offre les vœux de fête au très bon Père, qui répondit par une longue et pittoresque causerie sur saint Jean l'Évangéliste, son Patron.

Notre Chère Mère nous redit encore une fois la reconnaissance que nous devons au très bon Père pour tout ce qu'il a fait en faveur de l'œuvre du Cœur de Jésus. A deux heures, elle revint pour la récréation. A trois heures on sonna l'office des Vêpres, toutes les Sœurs se levèrent ; mais Chère Mère les retint pour leur dire affectueusement : « Le Cœur de Jésus vous aime, mes enfants, et si vous êtes généreuses vous verrez de combien de grâces Il vous comblera. Et moi aussi je vous aime et *maman* vous aime ! Eh bien ! si je vous embrassais avant de partir ? » Comme depuis deux jours, elle parlait sans cesse d'aller au ciel, on s'empressa d'accéder à son désir, car on craignait que ce ne fût un pressentiment

Le dimanche suivant, 31 décembre 1916, la Communauté se réunit pour offrir ses vœux à l'occasion du renouvelle-

ment de l'année ; notre Chère Mère les reçut sans rien dire :
elle était très fatiguée.

Vendredi, 19 janvier 1917, c'est la fête anticipée de la
Sainte Famille. Depuis longtemps déjà, notre Chère Mère
avait sollicité la faveur d'une petite exhortation du Vicaire
de Saint-Martin, qui lui apportait si fréquemment la sainte
Communion dans sa cellule. Ce jour-là, après s'être excusé
de s'être fait prier pendant un an, il dit à Chère Mère,
sans préambule, qu'il ne savait pas que nous fêtions la
Sainte Famille (puisque c'était alors le privilège des seules
Communautés qui en avaient fait la demande à Rome).
Il n'était donc pas préparé à un long et savant discours.

La fête de la Sainte Famille, dit-il en substance, est certainement la fête de votre Congrégation, car au début de
la Fondation, c'est sans aucun doute auprès de la Sainte
Famille que vous avez puisé lumière et force pour entreprendre et conduire votre œuvre à son but. Cette Communauté, qui rappelle déjà les vertus de Nazareth : humilité,
obéissance, amour mutuel, ne doit pas pratiquer ces vertus
d'une manière quelconque, elle doit croître chaque jour
dans la perfection et, comme vous avez toujours porté
intérêt au Vicaire de Saint-Martin, je prie chaque jour à
la sainte Messe pour toute la Congrégation, afin qu'elle
progresse de plus en plus dans les vertus qui ont caracté-
risé la Sainte Famille de Nazareth. Ces quelques mots,
sortis du cœur, firent un sensible plaisir à la vénérée malade,
qui en parlait encore avant de se coucher.

Samedi, 20 janvier 1917, pendant l'office des vêpres,
on vint annoncer la visite de Monsieur l'Archiprêtre. On
le fit monter chez la chère malade ; pendant ce temps l'office
se termina et aussitôt qu'on eut achevé les Complies, la
Communauté se réunit dans la salle des professes.

Bientôt Monsieur l'Archiprêtre redescendit et la Communauté lui offrit les vœux qu'elle pouvait former en ces tristes temps, pour le relèvement de la patrie en général et pour son troupeau en particulier. Il parut très ému et, répondant aux souhaits exprimés, il dit : « Mes Sœurs, je suis heureux de vous voir de si près pour la première fois. En retour de vos vœux si bien adaptés à la situation actuelle, je vous souhaite beaucoup d'amour !

Un écho lointain de nos soucis quotidiens est peut-être parvenu jusqu'à vous ; mais vous êtes à l'abri dans le Cœur de Jésus !... L'épreuve du moment est surtout pénible par son intensité, son acuité, sa durée. Elle est doublée de celle du lendemain, car une épreuve finit à peine qu'une autre recommence : on s'attend à tout !!!...

Pour vous, soyez sans inquiétude, comme le disait sainte Thérèse : « Jésus voit tout ! Il peut tout ! et Il m'aime !... *Il voit* toutes les souffrances du moment. *Il est tout-puissant* et quand Il jugera que nous avons assez souffert, avec générosité et amour, Il saura les faire cesser !... *Il m'aime*, Il ne veut que ma sanctification.

Il y en a qui voient une punition dans cette guerre... mais non, c'est un moyen de purification, de sanctification... Il ne faut pas toujours voir Dieu armé d'une verge... Pour la fin, ce sera peut-être très pénible ; peut-être pas ?... Et il ajoutait avec une fine pointe de malice : cela pourrait aussi arriver pour nous comme pour les Israélites... un beau matin... se levant... tout était parti !

Mgr de Ségur disait : La meilleure année n'est pas celle où l'on souffre le moins, mais celle pendant laquelle on aime et on sert mieux le bon Dieu. »

Je compte sur vos prières pour que les âmes reviennent sincèrement à Dieu !... Après l'hiver, c'est le printemps !...

On espère beaucoup et même on croit voir apparaître un renouveau de christianisme. Priez bien saint Quentin, il a tant aimé les chrétiens de son temps. Il a donné sa vie pour eux dans des tourments qui ne nous trouveraient peut-être pas à la hauteur, s'il nous fallait de la sorte affirmer notre foi, mais il avait la grâce. Le bon Jésus nous la donnerait aussi s'il était nécessaire.

L'inquiétude règne partout : « c'est la note dominante. Elle est dans tous les cœurs !... Dieu veille sur nous, Il nous protège, nous ne devons pas avoir un grain d'inquiétude. »

Les Sœurs professes s'étaient rendues près de notre Chère Mère après son dîner, le 21 janvier, pour la récréation ; mais elle était triste et, à chaque instant, elle avait les larmes aux yeux. On ne savait quel sujet entamer pour l'intéresser, alors elle dit : « Je ne puis plus rire, c'est pour cela que je préférerais que vous ne vinssiez pas, mais je vous aime et je suis contente. »

Le lendemain, notre Chère Mère est toute changée, elle sourit aimablement et s'intéresse à tout. Elle revient toujours à l'unique objet de sa tendresse : Jésus ! Mais ne trouvant pas ses expressions, elle dit joyeusement à plusieurs reprises : « Jésus, c'est tout moi ! Au commencement j'ai cherché Jésus, et encore maintenant c'est Jésus ! et tout est fini ! »

Le 29 janvier, notre Chère Mère a des idées plus nettes, elle peut s'exprimer plus facilement, elle parle de la fondation et en terminant elle dit affectueusement à une des Sœurs présentes : « Quand je serai partie, vous écrirez n'est-ce pas ? » Mais, Chère Mère, répond la Sœur, vous n'avez pas besoin de partir pour cela, on a déjà commencé. Et Chère Mère dit avec son bon sourire : « Alors, c'est bien. »

Notre Chère Mère, se sentant très fatiguée le 11 février, manifesta le désir de recevoir seulement quelques Sœurs. On réunit les plus anciennes et vers la fin de l'entretien on parla de *grand'mère*, comme on appelait familièrement la mère de notre Chère Mère. On raconta que le jour de sa mort, deux professeurs de l'Institution Saint-Jean, deux Alsaciens, étaient venus la voir dans l'après-midi et elle leur dit tranquillement : « C'est dommage que vous ne soyez pas venus deux heures plus tard, vous m'auriez vue mourir. »

Notre Chère Mère parle volontiers des vertus et des qualités de sa mère. Elle fut toujours très dévouée à l'Œuvre. Sur son lit de mort, elle tricotait encore des bas pour les prêtres du Sacré-Cœur et « *volontiers*, disait-elle quelquefois, je me couperais en quatre pour faire quatre Sœurs noires ! »

Une nouvelle bien pénible venait briser les cœurs, le 23 février : l'orphelinat de Fayet (Sœurs et enfants) était évacué, ainsi que le R. P. Mathias Legrand, ancien Supérieur de l'école apostolique de Saint-Clément (des Prêtres du Cœur de Jésus) [1], qui remplissait à l'orphelinat les fonctions d'Aumônier.

Depuis quelque temps déjà on parlait en tremblant d'une évacuation probable, mais on ne pouvait se résoudre à s'abandonner généreusement à une pareille épreuve !... On multipliait prières et sacrifices : les récréations étaient constamment raccourcies et même réduites. Il en restait si peu au long d'une semaine, qu'on pouvait facilement les compter. Cela ne faisait pas toujours l'affaire de la jeunesse, qui a si vite oublié malheur passé et danger menaçant ! etc... Si réduites qu'elles fussent, on les abrégeait

---

1. Décédé à Blangies (Belgique), le 13 août 1926.

COUR DE RÉCRÉATION DE L'ORPHELINAT DE FAYET.

(A gauche, derrière la galerie vitrée, se trouve l'orphelinat. Le châlet était l'habitation des Sœurs).

encore bien souvent pour faire au jardin, au son lugubre
du canon, l'exercice du Chemin de Croix, dans l'espoir
de fléchir le ciel et d'éviter une telle catastrophe !

De toutes parts on nous pressait de nous préparer ;
c'était en vain ; on espérait contre toute espérance !...

Enfin le mercredi, 28 février, Monsieur le Curé de Saint-
Martin, voyant que nous ne pouvions pas nous décider,
nous fait dire qu'il n'y a plus à tergiverser, que nous par-
tirons certainement dans deux jours, et que le samedi de
la même semaine doit avoir lieu l'évacuation des Communautés religieuses ; alors on commença cette fois à emballer
sérieusement.

Depuis longtemps déjà, notre Chère Mère avait manifesté le désir de quitter la ville ; le bruit incessant du canon
et des mitrailleuses la tourmentait beaucoup et altérait
visiblement sa santé. On n'eut donc pas de peine à lui
annoncer la triste perspective qui étreignait tous les cœurs
d'une angoisse mortelle ; on se cramponnait pourtant de
nouveau à l'espérance, car les avertissements se succédaient
dans le quartier à différents étages des maisons ; mais le
couvent semblait oublié. On plaça des images du Sacré-
Cœur aux endroits les plus exposés, on était bien disposé
à braver le bombardement et à rester dans la cave, si on
pouvait en obtenir l'autorisation ; mais l'ordre était formel,
il n'y eut plus à en douter quand, deux jours plus tard,
le vendredi à midi moins un quart, on vint nous signifier
que nous devions, toutes sans exception, le lendemain
samedi, *10 mars 1917*, à neuf heures du matin, nous trouver réunies à la gare !!!...

Ce qui adoucissait singulièrement l'amertume de l'épreuve,
était le bonheur relatif de notre Chère Mère à la pensée
de quitter le théâtre de la guerre et de s'en aller loin du

lieu des combats avec « *maman* ». Elle commença même à emballer les petites reliques, médailles et images, renfermées dans son tiroir de table, qu'elle avait fait avancer près de son lit, car, depuis quelque temps, ses pieds étaient si démesurément enflés qu'elle ne quittait presque plus sa couche de douleur, même pour ses repas.

La position, malgré tout, n'était pas bien commode ; elle était souvent obligée d'appeler l'une ou l'autre Sœur pour avoir une enveloppe, de la ficelle, du papier, les moindres objets à emballer : c'était un mouvement perpétuel. Les Sœurs allaient et venaient près de la Mère Assistante pour prendre les ordres les plus importants, car, pour les choses secondaires, on avait dû laisser à chaque maîtresse d'emploi la liberté de faire pour le mieux, selon sa conscience, le temps ne permettant pas de tout soumettre à l'approbation de la Supérieure.

Il fallait se multiplier pour prévoir et préparer ce qui, dans une situation si critique et un voyage si précipité, devenait de première nécessité !

Bien souvent, il fallait laisser notre Chère Mère seule, ou à peu près, mais la cellule de la Mère Assistante étant contiguë à la sienne, elle entendait parler et suppliait qu'on vînt l'aider. Mais, dans une telle conjoncture, les secondes sont comptées et on devait lui promettre de revenir bientôt. Alors elle commençait à pleurer et, pour la consoler, on lui disait qu'il fallait se hâter.

Le lendemain, une heure avant le départ, samedi 10, elle était déjà prête et attendait la voiture qui devait la conduire à la gare, avec les Sœurs malades. Le manteau sur le bras, elle alla allègrement chercher la Mère Assistante pour partir. Elle descendit seule l'escalier, elle si souffrante, la veille encore. Elle passa toute la journée dans le train, le bonheur lui redonnait des forces. Elle pensait aller rejoindre directement nos Sœurs de Belgique, cette maison fondée si prestement, un mois à peine avant la guerre ! De toute la nuit elle ne ferma l'œil, elle était impatiente d'arriver, elle en parlait sans cesse. Mais au lieu d'aller droit sur Bruxelles, on nous débarqua le dimanche, vers dix heures du matin, à Soignies, dans le Hainaut, à mi-chemin entre Mons et Bruxelles.

L'officier, chargé du placement des Communautés religieuses, les dirigeait vers les différents établissements de la ville préparés à les recevoir, et qui les attendaient avec grande charité.

Enfin, quand l'ordre fut rétabli sur le quai, on nous invita à descendre du train. Hélas ! nous n'étions pas attendues, on nous avait complètement oubliées ! Après s'être consulté avec sa femme (qui était belge, paraît-il), l'officier décida que les plus malades (notre Chère Mère par conséquent, et Sœur Marie de la Croix qui était aveugle), iraient à la Providence, rue de Braine. Deux Sœurs les y suivirent, l'Assistante Générale et la précieuse garde-malade de notre Chère Mère.

A la descente du train, on avait hâte de revoir Chère Mère, après ce voyage qui avait duré plus de vingt-quatre heures ! et avait paru à toutes un siècle interminable ! On se demandait en quel état on allait la retrouver, on la savait encore en vie, mais c'était tout ! On tremblait de la retrouver à-demi expirante !... La voilà !... quel spectacle ! Elle avança très lentement, portée sur une chaise par une des plus fortes Sœurs et par Monsieur le Vicaire de Saint-Martin, qui a accompagné la Communauté en qualité d'Aumônier. Pauvre Chère Mère ! elle ne peut s'aider d'aucune façon, ni même se tenir sur son séant : son buste retombe tantôt à droite, tantôt à gauche : c'est déjà l'impuissance d'une mourante ! Toutes les Sœurs s'avancent, le cœur ému, les larmes aux yeux, pour lui souhaiter la bienvenue et lui exprimer le bonheur qu'elles éprouvent après de si pénibles émotions : elle répond à chacune par un tendre et maternel sourire. Au passage, elle provoque toutes les sympathies ; sa triste situation fait impression et on voit des messieurs tirer leur mouchoir et essuyer une larme !

La charité qui lui avait procuré une chaise, lui amena encore une voiture. On la hissa avec des peines incroyables, la prenant par le buste et par les pieds, car elle est absolument impotente. Enfin la voiture se met en route et arrive bientôt, rue de Braine. Les Chères Sœurs qui ont dû fermer leur externat, sont toutes aux nouveaux hôtes qui leur arrivent inopinément. Elles entourent de leurs soins délicats et affectueux cette vieille Mère que le ciel leur confie pour quelques jours.

Pendant ce temps, on conduit le reste de la Communauté au Collège Saint-Vincent, Chaussée de Braine. Là non plus on n'était pas préparé à la réception de trente-trois personnes et on ne put, malgré l'accueil le plus encourageant, tout de patriotisme et de fraternité religieuse, offrir aux nouvelles venues qu'une assiette de soupe populaire, un verre de bière et une tasse de café. Heureusement que quelques-unes d'entre nous avaient encore dans les sacs de voyage quelques débris de pain, qu'on se partagea charitablement.

On n'oubliera pas que, en Belgique comme en France, la population était rationnée et avait à peine pour elle-même le strict nécessaire. Malgré tout, nos aimables hôtes se mirent en campagne pour nous assurer un ordinaire plus solide pendant notre séjour dans cet asile béni.

Monsieur le Principal, Monsieur l'Économe et les bonnes
Sœurs (qui étaient françaises) se mirent en devoir d'organiser un dortoir pour réparer nos forces, plus affaiblies
par les diverses émotions que par la privation de bien des
choses, que le long usage rend indispensables. On put
alors expérimenter qu'il y avait encore beaucoup à suppri-
mer dans la pratique de la sainte Pauvreté.

Malgré la bonne volonté de nos hôtes, les élèves ayant
emporté leur matelas, force nous fut de nous en passer,
ainsi que de couvertures. Pendant près de trois mois, les
unes (le plus grand nombre) étaient couchées sur le sommier posé par terre et encore taché du sang des blessés
qui nous avaient précédées. Quant aux Sœurs malades, on
était parvenu à leur préparer un lit presque complet.

Chacune prit son parti, joyeusement, de cette situation
précaire et supporta généreusement, en esprit d'immolation, les incommodités qui résultaient naturellement de
cette réunion des jeunes et des vieilles, des saines et des
malades.

Si la souffrance fut le partage assuré de ces tristes jours,
la consolation ne manqua pas, car, devinant ce que devait
ressentir une Communauté cloîtrée, vouée exclusivement
à la prière, arrachée inopinément à la chère Maison-Mère
et jetée à l'étranger au milieu du monde, nos hôtes multi-
plièrent les exercices publics de dévotion, et les offices
solennels. Comme le nombre des professeurs était grand,
chacun disant sa messe dans la maison, il arrivait parfois
qu'on assistait jusqu'à quatorze messes qui se suivaient
sans interruption.

Monsieur le Principal avait, par une délicate bonté,
accepté la direction de nos âmes, malgré la multitude de
ses occupations ; c'était une bien douce consolation au

milieu de tant d'amertumes ! Il prit suavement et fermement le gouvernail de notre petit vaisseau désemparé, jusqu'au jour heureux où nous pûmes enfin nous réunir à nos diverses Communautés, qui avaient multiplié les démarches pour nous sortir d'une situation si anormale.

Lorsqu'on dut se séparer, on avoua unanimement que, si on était satisfait de retrouver son chez-soi, on regrettait pourtant les nombreuses messes du collège et la direction si éclairée et si paternelle de Monsieur le Principal, dont le dévoûment pieux et désintéressé avait singulièrement adouci l'épreuve suprême de la Communauté.

Mais revenons en arrière : quelques jours après notre arrivée à Soignies, Monsieur le Doyen vint au collège inviter en général tous les évacués qui y étaient réfugiés et notre Communauté en particulier, à se rendre à l'église, le jeudi, 15 mars 1917, afin de leur adresser quelques paroles de réconfort. Avec quel empressement nous acceptâmes l'invitation qui nous offrait le pieux avantage d'entendre de nouveau la parole de Dieu.

Pour saluer les réfugiés, les grandes orgues exécutèrent une entrée des plus solennelles et des mieux inspirées. On chanta ensuite un cantique qui répondait à toutes les angoisses et à toutes les nécessités du moment. Puis, Monsieur le Doyen monta en chaire. « Mes frères, dit-il, j'ai tenu à vous réunir pour vous exprimer toute ma sympathie et celle de mes paroissiens !... Soyez les bienvenus !... vous êtes ici au milieu de frères et non en pays ennemi, car la France et la Belgique sont sœurs et unies dans l'épreuve !

Je vous aime parce que vous êtes des Français !... Je vous aime parce que vous êtes des Saint-Quentinois !... Je me rappelle avec bonheur le voyage que je fis à Saint-Quentin en 1895. Je n'ai pas oublié de quelle manière

bienveillante j'y fus accueilli, car l'hospitalité est proverbiale chez vous !

Vous trouverez ici la cordialité la plus sincère, partout !...
pas seulement pour quelques jours ; mais pour tout le temps
que durera votre épreuve. La population de Soignies le
comprend ainsi et, si quelqu'un était tenté de l'oublier, je
me chargerais de le lui rappeler.

Partout, vous trouverez le crucifix à la place d'honneur.
Et chaque dimanche des milliers de communions sont
faites aux intentions de nos frères qui courent les dangers
de la guerre !

Et maintenant nous unirons vos intentions aux nôtres
et nous prierons pour les chers combattants de Belgique
et de France.

Vous aurez beaucoup de loisirs ; aussi nous vous pré-
parons une bibliothèque dans laquelle vous trouverez bon
nombre d'auteurs connus, des contemporains pour la
plupart, cela vous rappellera la patrie.

Vous aurez aussi des écoles pour vos enfants, nous nous
occuperons de réunir des Maîtres et des Maîtresses. Si
vous avez besoin d'un local, vous pourrez aussi vous adresser
à nous, nous ferons tout ce que nous pourrons pour vous
loger.

Croyez que vous êtes ici chez vous et que nous sommes
disposés à tout faire pour adoucir votre malheur. Vous
avez pu le voir un peu à l'empressement de la population
qui vous aidait, avec toute sa bonne volonté, à la descente
du train, alors que vous traîniez après vous ce que vous aviez
pu emporter ?...

Et quelle heureuse coïncidence nous a réunis tous à
l'église, alors que le saint Sacrifice de la Messe se célébrait à l'autel et que la divine Victime s'offrait pour tous !...

Le vrai Consolateur était là et mettait le baume sur vos
cœurs ulcérés !... Vous le retrouverez toujours. Venez
souvent communier, communiez tous les dimanches comme
on le fait ici, et vous verrez bientôt votre situation s'amélio-
rer et même vous retrouverez le bonheur : celui qui vient
du devoir accompli, celui qui vient du Dieu que l'on reçoit. »
A ces mots, les larmes mouillèrent les yeux des auditeurs,
qui pouvaient à peine contenir les sanglots : l'émotion était
générale ! Ensuite on chanta un beau cantique au refrain
si pieux et si attendrissant : « Seigneur, Seigneur, ayez pitié
de nous !... O bon Jésus, exaucez-nous !... »

A la fin de la cérémonie, les grandes orgues lancèrent
avec force les patriotiques accords de la « Marseillaise »
devenue, aux plus tristes jours de l'invasion, des reculs
et de l'évacuation, chant d'indéfectible espérance !

CHAPITRE XV

EXIL ET DERNIERS JOURS

Notre vénérée Chère Mère ne s'était pas trouvée en état de répondre à l'invitation de Monsieur le Doyen. Elle allait doucement à son terme. Monsieur le Chanoine Mercier, ancien Aumônier de la Communauté et Confesseur extraordinaire, étant venu lui faire visite, s'aperçut bien que notre Chère Mère touchait à sa fin et dit aux personnes qui lui demandaient des nouvelles, qu'on ne la reverrait plus.

Le soir venu, Chère Mère ne prétendit pas se coucher, c'était la mort qui travaillait sans doute et l'on dut appeler une des Sœurs de la Providence pour la mettre au lit. Une de nos plus fortes Sœurs du collège passa près d'elle la nuit du vendredi au samedi.

Dans la journée du vendredi, la voyant plus affectée que de coutume, on fit venir un médecin de Soignies qui l'avait vue à son arrivée à la Providence : il la trouva très changée. Après l'avoir bien examinée, il déclara que c'était une grande faiblesse et qu'on devait lui donner du fortifiant autant que possible.

Comme on espérait pouvoir continuer le voyage pour se réunir à la maison d'Alsemberg, ne se doutant pas des nombreuses démarches qu'il faudrait faire et des longues semaines qui s'écouleraient encore sans résultat, on s'inquiétait beaucoup et on demanda au docteur s'il n'y avait pas imprudence à faire voyager la vénérée malade en cet état. Il nous rassura, pensant qu'en automobile, avec des précautions, on arriverait à bon port et que, sans trop de craintes, on pourrait se mettre en route dans quelques jours.

Sur l'ordre du docteur, on fit prendre un peu de vin rouge à Chère Mère, et il arriva qu'une goutte tomba sur son châle de laine blanche. Sœur Marie-Anastasie (décédée le 14 mars 1922) qui était assise à ses côtés, dit à une des Sœurs de la Providence qui lui avait versé le breuvage : « Autrefois, à Saint-Quentin, si elle avait vu cela, elle ne l'aurait pas supporté. » A ces mots, Chère Mère, qui n'avait presque plus de voix depuis quelques jours, à cause de sa grande faiblesse, recouvrant soudain toute son énergie, dit avec force : « Oh ! ça, non ! »

Presque chaque jour les Sœurs venaient à la Providence pour assister à la sainte Messe et profitaient de l'occasion pour voir et saluer notre Chère Mère.

Le samedi, 17 mars 1917, vers 7 heures du matin, on vint comme de coutume à la messe à la Providence. En descendant, on alla donc tout naturellement voir Chère Mère. Elle était encore au lit, sans mouvement, la bouche grande ouverte et cherchant à respirer. On prévint aussitôt Monsieur le Doyen et le Docteur. Monsieur le Doyen arriva le premier, vers neuf heures. Il lui administra les derniers Sacrements et l'exhorta à faire le sacrifice de sa vie. Aucun indice ne révéla si la vénérée malade entendait ces suprêmes paroles, qui étaient prononcées avec l'énergique conviction d'un homme de devoir. « Ma Sœur, m'entendez-vous ? » demanda-t-il à plusieurs reprises ; mais

Chère Mère ne répondit pas et ne fit aucun mouvement, elle était plongée dans une espèce de coma, dans lequel elle resta jusqu'au soir. En partant, Monsieur le Doyen dit aux Sœurs, en manière de consolation, que le danger n'était pas imminent et que, sans doute, notre Chère Mère passerait la journée : la première partie de la phrase avait rendu un peu d'espoir ; mais la seconde, en brisant tous les cœurs, provoqua le suprême sacrifice !...

Lorsque Monsieur le Doyen se fut retiré, le docteur des évacués, Monsieur Lecomte de Saint-Quentin, entra. Il annonça sans préambule que notre Chère Mère nous quitterait dans les vingt-quatre heures et que, même sans accident, elle ne passerait pas la soirée !... On commença les prières des agonisants.

A part quelques légers mouvements que Chère Mère faisait de temps en temps pour arranger ses draps, elle était absolument inerte ; tout à coup elle articula le mot « *maman* », on appela de suite la Mère Assistante qui était à côté avec d'autres Sœurs ; mais c'était sa dernière parole ! la vénérée malade rentra dans le silence le plus absolu jusqu'au soir !...

Les Sœurs réfugiées au collège, revinrent vers quatre heures réciter Matines et Laudes dans la chapelle de la Providence et s'empressèrent ensuite de descendre près de Chère Mère, espérant contre toute espérance. Force leur fut de rentrer au collège sans avoir même la triste consolation d'assister aux derniers instants de celle qui les avait tant aimées !

Vers huit heures du soir, la moribonde fit trois imperceptibles mouvements de la gorge. La Supérieure de la Providence, qui était près d'elle, s'en aperçut, elle appela la Mère Assistante et les quelques Sœurs qui étaient restées pour le moment suprême et qui priaient dans le parloir à côté. Quand elles arrivèrent, tout était fini ! Notre vénérée Chère Mère était allée rejoindre son Jésus, Celui à qui elle avait tout sacrifié et qui allait maintenant la payer de retour !...

On put se rendre compte de la sympathie de la population de Soignies à la nouvelle de la mort de la vieille Mère Fondatrice. Du samedi au mardi suivant, ce fut une véritable procession de visites de condoléances ; des cartes nombreuses étaient entassées dans une énorme corbeille préparée à cet effet.

Les personnes du monde, qui ont défilé devant le lit funèbre, ont remarqué que notre Chère Mère n'avait rien d'effrayant. Une dame, qui venait de rendre sa visite de condoléances à la Communauté, dit à sa fille qui l'accompagnait et n'avait jamais vu de cadavre : « Tu n'as pas eu peur ? — Mais non, répondit-elle d'un air étonné. »

On remit les funérailles au mardi, afin de laisser aux Sœurs d'Alsemberg le temps d'arriver ; mais à cause des formalités à remplir — il y en avait tant alors ! — deux Sœurs seulement purent représenter la petite Communauté de Belgique.

La sainte Messe fut chantée par Monsieur le Vicaire de Saint-Martin (de Saint-Quentin) ; deux Vicaires de la ville l'assistaient comme diacre et sous-diacre.

Monsieur le Doyen de Soignies lut en chaire une notice très abrégée de la vénérée défunte, faisant ressortir surtout son esprit de prière, son amour du culte, du Très Saint Père, des âmes et des pauvres !

Parmi les prêtres évacués qui avaient tenu à assister aux funérailles de notre Chère Mère, et qui voulurent donner à leur compatriote cette dernière marque de sympathie

et d'attachement en Dieu, il faut citer le T. R. P. Dehon,
Monsieur le Chanoine Mercier, Monsieur l'Aumônier de
l'Hôtel-Dieu (le Chanoine Quentin), Confesseur extraordinaire de la Communauté pendant de longues années,
Monsieur l'Abbé Black, ancien Curé de Fayet, qui avait
longtemps exercé son ministère à notre orphelinat, etc., etc.

Les autres personnes de Saint-Quentin, qui avaient habité
autrefois à l'ombre du couvent, au faubourg Saint-Martin,
et qui s'étaient réfugiées à Soignies ou aux environs, étaient
venues nombreuses au Service. On vit aussi des malheureux et des vieillards suivre le cortège jusqu'au cimetière,
malgré le vent et la neige, et faire l'aumône d'une dernière
prière à celle dont la charité était connue de tous les nécessiteux du quartier, et qui avait, dans une circonstance ou
une autre, provoqué leur gratitude par quelque bienfait.

Il y avait une telle affluence de personnes de la ville et
du dehors, que la Grand'Messe était depuis longtemps
achevée, que l'offrande se continuait toujours. On dut
attendre un bon moment pour continuer l'absoute.

Notre Chère Mère avait en ce moment ce qu'elle aimait
le plus : la pompe des cérémonies du culte catholique :
l'épreuve de l'évacuation elle-même, si redoutable pourtant, avait concouru à rendre les obsèques plus solennelles.
Personne n'eût eu la prétention de lui en souhaiter de si
pompeuses, si elle fût décédée tranquillement dans son
couvent de Saint-Quentin !

La musique et le chant luttaient d'harmonie ! Et la neige
tombait toujours !...

La neige !... c'était une des grandes joies de notre Chère
Mère : elle manifestait un plaisir d'enfant, quand les flocons légers faisaient leur apparition, elle leur trouvait tant
de symboles !

Ayant prié Monsieur le Doyen de Soignies de remercier toutes les personnes qui, par leur attitude sympathique, avaient droit à la reconnaissance de la Communauté des Servantes du Cœur de Jésus, il demanda pour cela une rédaction qu'on s'empressa de lui composer. Il la lut lui-même en chaire, le jour de la Première Communion solennelle des enfants de Soignies, 25 mars 1917. Ce jour-même était l'anniversaire de la naissance de la vénérée défunte, si elle eût vécu jusque-là, elle eût accompli ses quatre-vingts ans !!!...

Une famille aristocratique de Soignies [1], aussi noble de sentiments que de race, offrit spontanément la seule place qui était encore libre dans son caveau, pour y déposer provisoirement la virginale dépouille de notre pieuse Mère. Ces restes précieux restèrent dans ce caveau jusqu'au 26 juillet 1924, où eut lieu l'exhumation et le retour en terre de France.

Un prêtre, qui avait aussi éprouvé les effets de la libéralité de notre Chère Mère et sa maternelle sollicitude, écrivait en manière de condoléances : « Chère Mère a trouvé la mort au bout de cette voie douloureuse allant de Saint-Quentin à Soignies ! Elle a quitté Saint-Quentin, sa seconde patrie, comme elle avait quitté l'Alsace, sa première patrie, pour être jusqu'à la fin une Victime expiatoire et augmenter sa puissance d'intercession en faveur de l'Œuvre si chère à son cœur ! »

La Communauté, déjà si éprouvée par la perte de sa Mère et Fondatrice bien-aimée, connut alors toute une série d'épreuves : ce fut coup sur coup la mort de Sœur Marie-Françoise (4 avril), de Sœur Marie de la Croix

---

1. La famille de Savoye, à qui la Congrégation des Servantes du Cœur de Jésus restera toujours reconnaissante.

(15 avril) et de Sœur Marie-Henriette (21 mai). Mais quel réconfort pour les survivantes, dans la fin édifiante de ces saintes victimes !

Monsieur le Principal montra, en ces diverses circonstances, son dévoûment infatigable et, quand on le remerciait de tant de peines, il disait avec bonté : « C'est moi qui vous suis reconnaissant, car vous m'avez permis d'assister trois saintes, ce sera une bénédiction pour la maison. Je crois, ajouta-t-il, que ce sont les trois plus édifiantes que le bon Dieu a choisies pour nous offrir en elles des modèles de vertus, dans une mort héroïquement acceptée, chacune en son genre. » Nous dûmes lui répondre, en toute simplicité, qu'avec l'esprit d'immolation qui est la caractéristique de notre vocation, c'était ordinairement de cette manière que nos Sœurs acceptaient la mort, avec son cortège inséparable de souffrances et de renoncements.

Notre Chère Mère avait l'habitude de dire qu'une Servante du Cœur de Jésus ne devrait pas connaître le purgatoire : la vie religieuse étant une purification continuelle. Que si l'une ou l'autre résistait à la grâce ou n'entrait pas pleinement dans les desseins du Cœur de Jésus, alors il l'attendait à la mort et lui faisait mériter en ses derniers moments ce qu'elle avait négligé au cours de sa vie religieuse (on pourra en juger par la fin si uniquement terrible de *la première* Sœur Marie-Raphaël).

Un mot encore pour montrer avec quelle attention pieuse et délicate Monsieur le Principal aida nos Sœurs à mourir saintement : Déjà Sœur Marie-Henriette avait reçu les dernières onctions, et l'on s'étonnait qu'avec les tortures qu'elle endurait et les crises intolérables qui la mettaient à chaque instant aux portes du tombeau, Monsieur le Principal différât de lui donner la suprême absolution.

Comme on le lui faisait remarquer, il répondit : « J'attends le plus tard possible, afin que, purifiée déjà comme elle l'est, ce nouveau secours lui soit une purification complète et qu'elle puisse, en quittant la terre, entrer directement au ciel. »

Une dizaine de jours après la mort de notre vénérée Mère Fondatrice, le mercredi 28 mars, on dut administrer les derniers Sacrements à notre angélique petite Sœur Marie-Françoise. Déjà malade avant l'évacuation, on eut bien de la peine à lui trouver une chaussure pour ce voyage forcé tant elle avait déjà les pieds enflés. Sa générosité était à l'épreuve de la plus tendre et de la plus ardente piété. Elle récitait le saint Office avec une telle énergie, qu'on n'aurait pu soupçonner qu'elle avait la poitrine si atteinte ! Elle réclama son adoration de nuit jusqu'à l'évacuation. Chargée du réfectoire, elle avait moins de récréation que les autres, puisqu'elle devait veiller à ce que tout fût remis en place. Mais au lieu de se rendre au jardin, aussitôt libre, elle prolongeait encore son action de grâces et on devait véritablement l'arracher à son Bien-Aimé, auprès duquel elle oubliait tout !

Quelques jours avant sa mort, sa garde-malade, ne pouvant lui résister, dut faire intervenir une Sœur en charge, afin de lui imposer de se laisser mettre au lit, car elle prétendait encore descendre à la chapelle du collège pour y faire le Chemin de la Croix, afin de s'acquitter des suffrages que nos Constitutions imposent pour la Supérieure Générale décédée. Peu lui importait que la chapelle fût glaciale et qu'elle eût de nombreuses marches à gravir pour s'y rendre. Elle était pourtant si malade et si affaiblie qu'elle ne pouvait se tenir sur les pieds et qu'elle n'eût pu se mettre au lit toute seule ; alors elle disait tristement :

« Je devrais pourtant faire les suffrages pour Chère Mère ! »

Son père étant mort peu de jours auparavant, on hésitait à lui en annoncer la nouvelle ; enfin sa sœur, selon la nature, qui était aussi dans la Communauté, crut devoir le lui dire, avec tous les ménagements qu'exigeait son état ; mais ses larmes la trahirent et notre Chère Sœur Marie-Françoise dut elle-même la consoler : « Ne pleurez pas, lui dit-elle affectueusement, bientôt j'irai au ciel le rejoindre, etc., etc. » Elle était si surnaturelle ! Elle ne fit jamais rien d'éclatant, mais elle fut toujours d'une obéissance parfaite et une âme de prière s'il en fut !

Le mercredi 4 avril, à huit heures trois quarts du matin, elle prenait son essor vers le ciel ! Son abandon à la Volonté divine et sa générosité dans la souffrance ont encore épuré cette âme d'enfant et lui ont valu, on aime à le croire, cette patrie bienheureuse vers laquelle si souvent elle levait son regard candide et son cœur embrasé !

L'épreuve se poursuivait pour la Communauté réfugiée : le jeudi 5 avril, à cinq heures et demie du soir, on mettait notre petite Sœur Marie-Françoise dans le cercueil et, une heure après, on administrait les derniers sacrements à notre chère Sœur Marie de la Croix.

Le Vendredi Saint, à neuf heures du matin, eut lieu l'enterrement de notre petite Sœur Marie-Françoise. Les rubriques du jour ne permettant pas la sainte Messe, on tâcha d'y suppléer, en psalmodiant le troisième nocturne et les Laudes de l'office des morts. Malgré le nombre si restreint des invitations, il y avait passablement de monde jusqu'au cimetière, car le temps était splendide.

Le samedi 14 avril, après de nombreuses démarches sans résultat jusque-là, on se trouvait enfin en mesure de voyager : douze des nôtres se rendirent à Alsemberg, où la petite fondation de Belgique était venue se fixer en abandonnant Incourt [1].

La Supérieure d'Alsemberg était arrivée dès le jeudi, disposée à faire l'impossible pour obtenir les passeports indispensables, mais la bonne Providence veillait, tout alla à merveille. Alors nos pauvres Sœurs se trouvèrent installées heureusement et charitablement dans ce milieu propre à leur vocation et purent reprendre leur vie cloîtrée, que leur séjour au collège avait forcément suspendue et après laquelle elles soupiraient avec ardeur !

Une nouvelle épreuve fondait sur les Sœurs restées à Soignies. Le dimanche 15, à deux heures trois quarts du soir, notre bonne Sœur Marie de la Croix, l'aveugle, rendait sa belle âme à Dieu. On fit les obsèques le mardi suivant, à neuf heures, dans la chapelle du collège. La messe fut chantée par Monsieur le Vicaire de Saint-Martin. Une de nos Sœurs était à l'harmonium ce jour-là, les professeurs étant retenus par leurs classes depuis la rentrée [2].

Le jeudi 10 mai, Mère Ignace ayant enfin reçu ses passeports, se rendit avec une autre Sœur à la maison d'Alsemberg, où elle désirait voir dans leurs différents emplois ses chères Sœurs évacuées, qui avaient été réunies aux Sœurs de la maison pour concourir ensemble au bien général.

Elle rentra à Soignies, le samedi 12, très fatiguée de son voyage, mais satisfaite de l'installation de la Communauté et heureuse des bonnes dispositions des Sœurs qu'elle quitta à regret.

Le dimanche 20, notre chère Sœur Marie-Henriette eut des crises d'étouffement ; elle semblait d'heure en heure

1. Voir, page 95, le récit de la fondation d'Incourt.
2. Sœur Marie de la Croix. Appendice, page 214.

toucher à ses derniers moments. Très délicate de santé, elle eut, quelque temps avant l'évacuation, une bronchite qui dégénéra en maladie de poitrine. Les crises se succédèrent jusqu'à deux heures du matin ; enfin elle se calma un instant, laissa retomber les bras et expira !

C'était le lundi 21 mai, l'enterrement eut lieu le mercredi. Monsieur le Vicaire de Saint-Martin chanta la messe au collège, nos Sœurs étaient à l'orgue.

Son ancien Directeur, Monsieur l'Abbé Gagneux, Vicaire de la basilique de Saint-Quentin (avant l'évacuation), fit l'absoute et accompagna le corbillard jusqu'au cimetière. Il y avait beaucoup de monde à l'enterrement, des réfugiés surtout ! En tête défilaient les orphelins de l'Hôtel-Dieu, en uniforme, dans un ordre et un recueillement parfaits.

C'était la quatrième Sœur décédée dans notre Communauté à Soignies, depuis l'évacuation [1].

Le 27, mai on célébrait la fête de la Pentecôte. Elle revêtit un charme tout nouveau, car, à la sainte Messe (la treizième de ce jour au collège) trois de nos plus jeunes Sœurs renouvelèrent leurs saints Vœux. La Messe suivante, célébrée solennellement à neuf heures, avec Diacre et sous-Diacre et exposition du Très Saint Sacrement et suivie de la bénédiction, fut pour nous une Messe d'actions de grâces.

Après le dîner, on se rendit au cimetière sur la tombe de notre vénérée Mère Fondatrice et sur celles de nos trois autres chères Sœurs, inhumées aussi dans le cimetière de Soignies. L'émotion était encore plus poignante que de coutume, car il s'agissait de faire ses adieux à ces lieux

---

1. Voir à l'appendice, Sœur Marie-Henriette, page 218.

bénis, qui retenaient une Mère tendrement vénérée, en attendant que la marche des événements nous permît de la transporter de nouveau dans sa France si chère !

Le mercredi 30 mai, dix-huit de nos Sœurs, munies enfin de leurs passeports, prirent le chemin de l'Alsace-Lorraine, pour y remplir les vides laissés dans nos différentes maisons par les nombreux décès survenus depuis le commencement de la guerre !

Deux jours après, vendredi 1er juin, les trois dernières Sœurs restées au collège, accompagnées de Monsieur le Vicaire de la paroisse Saint-Martin, purent prendre enfin à leur tour la route d'Alsemberg.

Le temps est splendide ! Le train a une heure de retard ; la distance est si courte qu'on arrive en peu de temps à Hal. Là, un homme de bien, parent d'un des professeurs du collège Saint-Vincent, se charge de nos bagages, sous la direction de notre si dévoué Vicaire de Saint-Martin qui doit demeurer à Alsemberg jusqu'à ce qu'il puisse rentrer en France.

Après avoir pris une légère collation que la bienséance empêche de refuser, tant nos hôtes y mettent d'insistance et de bonne grâce, on reprend la route à travers la campagne. Malgré la fatigue et les émotions, on admire la riche nature qui étale tous ses charmes. Ce réveil attrayant émerveille les Sœurs, si peu habituées à voir autre chose que les murs de clôture.

On arrive enfin à Alsemberg, le puissant clocher de l'église semble reculer à mesure qu'on avance ; enfin on est chez soi, c'est le cher Nazareth, (celle des maisons qui rappelle au mieux celle qu'on vient de quitter, le cher Saint-Quentin et ses doux souvenirs !

Le soir, on dormit dans un lit complet : quel luxe !

ORPHELINAT D'ALSEMBERG près de Bruxelles.

Depuis près de trois mois on couchait sur le sommier nu, posé à terre, sans couvertures, ni matelas. Les sacs de voyage servaient de chevet à la plupart ; parce qu'on attendait chaque jour les passeports, on ne voulait rien déballer !

Le 4 août, on recevait les objets du culte, qui avaient séjourné dans le grenier du Doyen de Maubeuge depuis le mois de mars : cinq mois entiers ! La réserve de cire, qui était le plus précieux colis, semble intacte, elle nous permet de demander l'exposition du Très-Saint-Sacrement, ce que Son Éminence le Cardinal Mercier accorde de grand cœur !... Nous voilà donc en mesure de reprendre tous les exercices de notre vie religieuse !

CHAPITRE XVI

AU CAVEAU DE FAMILLE

Le Cœur de Jésus exauce enfin les vœux ardents qui, de toute la Congrégation, montaient vers lui depuis si longtemps. Le jour était venu où nous pouvions reprendre à l'hospitalière Belgique les restes précieux de notre vénérée Mère Fondatrice.

Le 26 juillet 1924, fête de sainte Anne, pour laquelle notre Chère Mère avait une particulière dévotion, Monsieur le Curé de Saint-Martin faisait la levée du corps à la gare de Saint-Quentin, où le cercueil était arrivé dès la veille au soir.

De la gare, on prit la route du cimetière, où les religieuses de la petite Communauté de Saint-Quentin attendaient, avec la nouvelle Supérieure Générale, qui s'était fait un pieux et filial devoir d'accourir à la première nouvelle du retour tant désiré.

L'émotion qui étreignit les cœurs à la vue du cercueil renfermant la virginale dépouille d'une Mère tant aimée ne peut se décrire !... Malgré une pluie torrentielle, qui ne cessa pas un instant, on ne pouvait se décider à abandonner celle qui, privée de vie, semblait tout ranimer autour d'elle.

Nous fîmes toucher nos chapelets au cercueil béni,

chacune désirant reprendre contact avec celle qui avait, toute sa vie, donné les plus beaux exemples de vertu. Puis on descendit notre Mère Fondatrice dans le caveau de notre famille religieuse où l'attendaient depuis quarante-cinq ans sa pieuse mère, surnommée dans la Communauté « Grand'Mère Sainte-Anne » et sa jeune sœur Léna (Sœur Marie de Jésus).

Les circonstances n'ayant pas permis de donner à ce retour l'éclat désiré, on fit un service solennel, le mardi suivant 5 août, en l'église de la paroisse Saint-Martin.

Monsieur le Curé avait, le dimanche précédent, annoncé du haut de la chaire la Messe de *Requiem*. Ce fut une véritable apothéose ! Nombre de familles de Saint-Quentin s'étaient fait représenter ou avaient envoyé des lettres de condoléances ; il ne manquait, sembla-t-il, au rendez-vous, aucun des évacués de 1917, revenus à la paroisse Saint-Martin.

CHAPITRE XVII

L'ŒUVRE CONTINUE

Après la mort de notre Chère Mère Fondatrice, survenue au cours de la guerre, la Maison-Mère, comme un vaisseau désemparé, divisée dans les maisons d'Alsace-Lorraine et de Belgique, connut l'épreuve sous une forme nouvelle ! Qu'on ne s'étonne pas, c'est la marque infaillible des œuvres de Dieu. A l'occasion des élections générales, la division des esprits et des cœurs faillit engloutir l'œuvre de notre Chère Mère. Mais au plus fort de la tempête, le bon Jésus fit entendre sa voix qui calme les flots et, le 17 décembre, Rome nous faisait connaître l'élue de son choix !... et la petite barque navigue sur les flots en toute confiance.

Les diverses Communautés détaillées au cours de cet ouvrage sont toujours existantes et leurs œuvres plus florissantes que jamais. La récitation du saint Office au chœur a reçu un perfectionnement nouveau.

Plus de cent-cinquante des nôtres nous ont précédées dans la Patrie céleste après l'exercice des plus héroïques vertus. Elles nous invitent à marcher sur leurs traces avec une ferveur nouvelle : Soyons toujours dignes de nos généreuses devancières : « Ce qu'elles ont pu faire, pourquoi ne le ferions-nous pas, nous aussi ? »

APPENDICE

NOTICES SUR QUELQUES SŒURS
DONT IL A ÉTÉ PARLÉ DANS CETTE BIOGRAPHIE

SŒUR MARIE DE LA DIVINE PROVIDENCE

Déjà nous avons parlé de Sœur Marie de la Providence qui s'était distinguée par sa grande charité.

Après avoir dirigé, comme Supérieure, plusieurs de nos maisons, et avoir surtout payé largement de sa personne et de ses ressources dans chacune des différentes fondations, elle vint à Abshoven, les premiers jours de septembre 1909, en qualité de Supérieure. On pensait que cette petite résidence reposerait son cœur affaibli par de grands surmenages et des voyages fréquents, et on espérait beaucoup de cette nouvelle existence calme et reposante.

Le 20 octobre 1911, la bonne Sœur arrive, toute joyeuse, à la récréation : en retour d'un désir exprimé, notre Chère Mère l'invitait à venir passer un mois à la Maison-Mère, à Saint-Quentin.

Quelques jours après, elle vient de nouveau à la récréation ; elle était très fatiguée et elle dit tout bas à son Assistante : « Savez-vous que je vais bientôt mourir ? Voyez, le sommeil me suit partout, même à la récréation, venez, sortons un peu dans le parc... » Appuyée sur le bras de son Assistante, elle se promène, entourée des Sœurs qui la questionnent plaisamment sur son voyage à la Maison-Mère. Alors elle reprend de nouveau son air joyeux et répond à toutes les questions, ne laissant rien apercevoir de la faiblesse qu'elle éprouvait. Sans difficulté on arriva au cimetière des Sœurs, situé au bout du parc. Après avoir fait la prière pour les chères trépassées, notre chère Sœur Marie de la Providence se sentit à bout de forces; alors une des nôtres alla en hâte chercher une voiture pour reconduire notre chère Sœur à la Communauté.

Le 1er novembre, jour de la Toussaint, force lui fut de se reposer après la grand'Messe.

Les souffrances augmentant, elle ne peut se lever le 2 novembre pour la sainte Messe et cependant elle s'occupe des préparatifs de son voyage.

Le vendredi 3 novembre, elle descendit pour la sainte Messe, mais sa trop grande faiblesse l'empêcha de faire la sainte Communion. On eut bien de la peine à la reconduire dans sa cellule.

Malgré ses souffrances, elle se montrait courageuse. On lui proposa de faire venir le Docteur. « Non, j'ai peur qu'il ne m'empêche d'aller à « Nazareth » et il faut que j'y aille. »

Cependant on crut devoir faire venir le médecin malgré elle. Elle lui fit part de son projet d'aller à Saint-Quentin. le 5 novembre, alors le médecin lui conseilla de remettre son voyage à quinze jours. « Il n'y a rien à faire, dit-elle, il faut que j'y sois le dimanche, 5 novembre. » Vers le soir, la fièvre augmenta et elle passa une très mauvaise nuit. mais le lendemain, se trouvant un peu mieux, elle se leva vers midi pour faire ses préparatifs de départ. On dut lui apporter des paniers pour emballer les différents objets qu'elle conservait précieusement pour les offrir à notre Chère Mère.

Le mardi 7, elle souffrit beaucoup pendant la nuit, la fièvre la consumait, elle ne trouvait pas de repos. Mais le matin, elle put recevoir la sainte Communion, elle était rayonnante de bonheur. Dans l'après-midi, elle parla de la joie qu'elle éprouvait de pouvoir aller passer quelques semaines à la Maison-Mère et, levant les mains jointes vers le ciel, elle disait : Mon Dieu, mon Dieu, venez à mon secours, aidez-moi pour que je puisse encore aller à « Nazareth » voir Chère Mère !... Voyez combien elle est bonne, elle sait que je serai fatiguée du voyage, alors elle m'écrit d'arriver quelques jours plus tôt, pour pouvoir me reposer avant la retraite. Oh ! que je veux bien la faire !

Le 8 novembre, notre chère malade reçut la sainte Communion en viatique, et comme un peu plus tard elle s'entretenait du bonheur qu'elle éprouvait d'avoir pu recevoir son Jésus, elle perdit tout à coup connaissance. Lorsqu'elle fut revenue à elle, on lui proposa de recevoir les derniers Sacrements : Si le bon Dieu veut que vous alliez dans quelques jours à « Nazareth », lui dit une Sœur, cela n'empêchera pas, au contraire ? Elle sourit sans rien dire et se retourna. Quelques instants après elle dit d'une voix qui allait s'affermissant : Vous avez parlé de l'extrême-onction, n'ayez pas peur, cela ne m'effraie pas et si vous voulez...

Monsieur le Recteur monta pour lui administrer les derniers Sacrements, toutes les Sœurs étaient présentes, notre chère malade garda son calme ordinaire jusqu'à la fin. Elle demanda pardon avec une voix si claire et si suppliante que toutes les Sœurs fondaient en larmes. Elle était toute en transpiration et très fatiguée. Elle cachait ses souffrances et regardait avec un sourire aimable chacune des Sœurs qui s'approchait d'elle pour lui baiser l'anneau. Pour chacune, elle avait un bon petit mot.

A onze heures, les Sœurs la quittèrent pour aller à la chapelle prier le saint Office. De temps en temps la chère malade soupirait et répétait à plusieurs reprises : « O Jésus, je n'en puis plus ! »

Vers trois heures, elle demanda à la Sœur qui l'assistait d'écrire à Chère Mère : Prenez du papier, dit-elle, et écrivez-lui que j'ai reçu les derniers Sacrements et qu'elle veuille bien me permettre de venir huit jours plus tard, quand je serai plus forte. On lui demanda si elle ne voulait pas qu'on continuât les prières qu'on avait interrompues le matin, à cause de sa trop grande fatigue ; alors elle accéda à ce désir et les Sœurs se mirent en devoir de commencer les prières de la recommandation de l'âme, auxquelles elle répondait à mi-voix ; mais se tournant soudain, elle dit tout haut : « Dites donc les vraies litanies des saints, je les préfère. » On les commença donc, elle y répondit assez régulièrement, mais par moments elle poussait un soupir en disant : « O Jésus, je n'en puis plus ! » De temps en temps on lui jetait à la dérobée de l'eau bénite, mais elle le remarquait bien et disait : « Donnez-moi encore plus d'eau bénite, encore plus, moi j'aime l'eau bénite. » »

Il était quatre heures et demie, l'office de Matines sonna ; les Sœurs se retirèrent et lui dirent en partant : « Nous allons continuer de prier pour vous à la chapelle, Sœur Supérieure ? » — Oui, oui, répondit-elle, mais, malgré cela, vous ne m'empêcherez pas d'aller à « Nazareth » voir Chère Mère.

Deux Sœurs étaient restées près d'elle ; les regardant l'une après l'autre, elle leur dit : « Croyez-vous que c'est agréable au bon Dieu d'être là tout le temps au lieu de prier et de travailler ? » — Oui, oui, Sœur Supérieure, le bon Dieu veut cela de nous, c'est notre devoir du moment, nous ne vous quitterons plus ! Elle se retourna sans répondre pour se reposer. Quelques instants après, elle leva les mains et les joignant ensuite, elle dit assez haut : « Oh ! l'humilité !... C'est l'humilité qui est agréable à Dieu, et sans elle on ne peut lui être agréable. » Puis elle s'informa si la lettre qu'elle avait dictée pour la Maison-Mère était partie.

Vers sept heures et demie, la Sœur garde-malade alla prendre le cierge bénit ; pendant ce temps la chère malade regarda les Sœurs un instant fixement, leva les yeux au ciel et les baissa aussitôt, son visage si calme et si paisible ruisselait de sueur. Aussitôt on sonna la petite cloche pour appeler les Sœurs qui arrivèrent en hâte. Jamais on n'avait vu une mort si douce : la chère mourante tenait d'une main son crucifix, de l'autre le cierge bénit, elle ne faisait aucun mouvement, tenant toujours les yeux baissés, la respiration devenait de plus en plus lente ; on continuait de prier et malgré une attention soutenue, on ne put distinguer exactement l'instant où elle quitta cette terre d'exil !

De nouveau les larmes coulèrent, mais ce n'était pas le moment de se laisser aller à la douleur, nous devions témoigner notre affection reconnaissante en priant pour la prompte délivrance de notre chère défunte. C'était le 8 novembre 1911, à 8 heures du soir !

SŒUR MARIE DES SEPT DOULEURS

Sœur Marie des Sept Douleurs (première du nom) entra comme postulante à Colmar, c'est dire qu'elle fit partie des premières Sœurs dont la générosité était à toute épreuve ! Sa vie si active fut mêlée à toutes les fondations de son temps. Elle était d'un commerce aimable, il semblait que la bienfaisance fût née avec elle.

On raconte encore maintenant quelques traits naïfs et intéressants de sa petite enfance : Son père, homme intègre et religieux, qui trouvait sa meilleure distraction dans l'intérieur de sa famille, avait la coutume de lire dans un bon journal, à haute voix, quelque nouvelle intéressante à sa femme, entourée pour l'ordinaire de quelques-uns de ses enfants. Une fois, la petite Marie que n'intéressait guère la feuille du jour, dit à son père, avec un petit air mutin : « Mais enfin, papa, tu lis toujours les faits d'hiver, il n'y a donc pas de faits d'été ? » On devine l'hilarité de la famille.

Le père, Instituteur, Alsacien de vieille roche, ne pouvait entendre parler chez lui que le français et reprenait sévèrement ses enfants quand ils se permettaient de parler entre eux l'idiome du pays ; la mère, plus indulgente, les laissait s'exprimer à leur aise, de sorte que, quand le père rentrait, on devait vite rattraper les termes français : « Vite français, français, voilà papa ! » Mais le père ne se laissait pas duper et, en face de l'hésitation des enfants, il disait d'un ton courroucé : « Il ne faut pas demander, si vous avez encore parlé allemand toute la journée ! » et alors le martinet faisait son apparition, au grand regret des petits désobéissants !

Un jour, en promenade avec sa famille, elle remarqua,

en descendant un talus, que sa petite robe frôlait la terre ;
elle n'eut rien de plus pressé en rentrant à la maison que
de s'essayer de toutes manières à faire traîner sa robe,
mais n'y parvenant pas, elle dit ingénument à son père :
« Si le plancher était plus haut, ma robe traînerait certainement. »

Très agréable de physionomie, elle était assez coquette
en sa jeunesse, et, seule de sa famille, elle porta le flot
alsacien, qui lui seyait à ravir. Elle se donna un peu au monde
et ne dédaigna pas de paraître dans les fêtes de son village ;
le bal avait pour elle assez de charmes, et elle s'y rendait
d'autant plus volontiers qu'elle se voyait plus recher-
chée.

Le Cœur de Jésus se servit d'un rêve pour détourner
ce noble cœur des entraînements de la jeunesse et des faux
plaisirs du monde. C'était donc à Dauendorf ; la maison
de l'Instituteur faisait face à un grand bâtiment sur lequel,
machinalement, la jeune fille, dans un rêve, jeta les yeux,
quand elle aperçut, à la fenêtre de la mansarde, une religieuse qui la regardait fixement ; celle-ci avait un costume
religieux que notre Marie n'avait encore jamais vu. Le
lendemain, elle raconta son rêve à sa mère, et comme il
n'y avait jamais eu là ni religieuse, ni apparence de couvent,
la chose tomba d'elle-même. La jeune fille avait alors
dix-huit ans. Mais à quelque temps de là, un essaim de
religieuses (Servantes du Cœur de Jésus) venant de Strasbourg, où elles étaient fondées depuis peu, vinrent visiter
le couvent, que Monseigneur Raess mettait à leur disposition, et qui n'était autre que la maison vis-à-vis de l'école.
Alors Marie dit à sa mère : « Voilà comment était habillée
la Sœur que j'ai vue en rêve à la fenêtre du nouveau couvent. »
Ce fut un coup de grâce ! En un instant elle fut transfor-

mée, fit de sa vie une vie de travail et de prière et résolut de se consacrer au Seigneur.

La jeune Marie fit part à son père de ses aspirations à la vie religieuse, mais le père, qui avait déjà fait choix de la vocation de plusieurs de ses enfants, avait destiné celle-ci au mariage.

Notre future sœur Marie des Sept Douleurs ne se rebuta pas pour un refus, elle attendit patiemment que le père se convainquît par lui-même du changement survenu en elle, et de la sincérité de sa vocation. Cela dura une année entière, pendant laquelle elle se dépensa, avec sa pieuse mère, aux travaux du ménage, pour lesquels, d'ailleurs, elle possédait une rare aptitude. Mais qui dira avec quelle ferveur elle passa cette année d'épreuves ? que de prières ! que de mortifications ! que de luttes ! Enfin, la lumière se fit dans l'esprit de son père et comme il était excellent chrétien, il ne s'opposa pas plus longtemps à la vocation de sa fille. Quand elle eut atteint ses dix-neuf ans, il lui donna son consentement. Elle partit, le 22 septembre 1872, fête de Notre-Dame des Sept Douleurs, et se rendit à Colmar, maison qui fut bientôt abandonnée pour la fondation de Molain, au diocèse de Soissons (France).

Entretemps, une Communauté des Servantes du Cœur de Jésus s'était formée à Dauendorf et, comme la jeune Marie était tombée malade à son entrée au couvent, on jugea que l'air natal lui serait favorable. On l'envoya passer un mois au couvent de Dauendorf. Pour Sœur Marie des Sept Douleurs, ce fut une grande épreuve, mais elle n'eut garde de profiter de ce rapprochement, pour renouer des relations de famille qu'elle avait brisées pour son Dieu et à laquelle elle demeura désormais unie par des liens plus surnaturels. Cependant elle revit souvent et très volontiers sa petite sœur Albertine qu'elle affectionnait tout particulièrement. Se doutait-elle qu'un jour cette chère petite succéderait à la Mère Fondatrice, en qualité de Supérieure Générale ?... Il est sûr qu'elle ne portait pas si loin ses prétentions, mais elle caressait dans son intime le doux rêve de l'arracher au monde et de l'attirer un jour dans la Congrégation de son choix, avant qu'aucun souffle terrestre n'eût altéré la candeur ingénue de sa chère petite colombe.

Notre chère Sœur, Marie des Sept Douleurs, nous l'avons dit, ne pouvait se résoudre à abandonner au monde sa petite sœur ; Dieu seul a pu compter, sans doute, les larmes versées à ce sujet, et apprécier justement les prières et les sacrifices qu'elle multipliait pour obtenir cette précieuse conquête ; enfin le Cœur de Jésus exauça un désir si légitime, la petite préférée de son cœur, âgée seulement de dix-sept ans, fit son entrée au postulat, revêtue encore de son uniforme de pensionnaire. Elle arriva à Saint-Quentin, le jour même de la fête de cet illustre martyr, 31 octobre 1881. Hélas ! la bonne Sœur aînée avait dû abdiquer la charge de Maîtresse des novices qu'elle exerçait auparavant, et n'était plus là pour guider la sœurette dans cette vocation qui faisait son bonheur.

Notre chère Sœur, Marie des Sept Douleurs, dirigea successivement plusieurs maisons d'œuvres ; elle fonda Merlebach, fut Supérieure à Chazelles, puis, pendant dix années consécutives, Assistante à la maison de Dauendorf. Elle revint comme Assistante à Chazelles en 1906, mais en réalité, ce fut pour fermer les yeux à notre chère Sœur Marie-Gabriel, son ancienne Supérieure de Dauendorf, à laquelle elle était si intimement et si saintement unie.

Elle a rempli en peu de temps une longue carrière, car elle mourut à peine âgée de 54 ans. Ses Supérieures savaient qu'elles pouvaient compter sur son dévoûment intelligent. Elle donnait sans compter, n'aspirant en retour qu'au bonheur de s'immoler toujours davantage, « à la plus grande gloire du Cœur de Jésus ! »

Sa maxime favorite était : « Se préparer de loin à tout ce que Dieu veut, et nous soumettre humblement à tout ce qu'il fait. »

Quand une fondation nouvelle, ou une œuvre proposée semblait offrir des difficultés insurmontables, on prenait bon espoir si l'on pouvait y placer notre chère Sœur Marie des Sept Douleurs ; mais dès que la situation s'améliorait et qu'il aurait pu lui revenir un peu de gloire pour le succès obtenu, alors on était sûr de la voir disparaître.

Lorsqu'on lui imposait un changement de résidence et que se manifestaient de nouvelles difficultés, elle disait aimablement : « Il faut savoir fleurir là où on est planté ! »

Sa voix était splendide, c'était ce qu'on est convenu d'appeler : « une voix de rossignol. » Quand on l'avait une fois entendue, on ne pouvait plus rien goûter d'autre : les plus belles mélodies semblaient insipides, mais elle était seule à ne pas s'en apercevoir.

Un Curé d'Alsace conserve dans son phonographe un « *Salve Regina* » qu'il l'a entendue chanter, il y a bien longtemps. Le fidèle instrument a retenu sa voix suave et forte et si pieuse d'expression : on croirait entendre la chère Sœur !

Éprouvée, à la fin de sa vie, par des peines très sensibles, elle reconnut toujours l'action de Dieu en tout ce qui lui survint de fâcheux et ne permit jamais qu'on nommât seulement les auteurs de ses peines. Sans fiel comme sans rancune, elle répondait avec véhémence quand on essayait de verser le baume sur la plaie : « Taisez-vous ! c'est le bon Dieu qui l'a permis, sa sainte Volonté soit bénie en tout ! »

Elle endura patiemment une cruelle maladie qui, en peu de temps, la réduisit à rien, à ce point que, quand on voulut procéder à la toilette funèbre, on ne savait comment s'y prendre pour faire tenir ses vêtements ; il semblait vraiment qu'on habillât un squelette !

La Vierge Marie, sa Patronne si chère, l'arracha à ses atroces souffrances, car le 25 mai, tandis que tous les clochers de la catholique Alsace résonnaient de l'angélus de midi, le samedi des Quatre-Temps, jour consacré à Marie, notre Sœur tant aimée et toujours regrettée, prenait son essor vers la céleste patrie !

SŒUR MARIE DE JÉSUS

Le 27 août 1916, on parla de la mort édifiante de cette âme de choix, dont on a déjà édité la vie, comme il a été dit plus haut.

Mère Ignace raconta le triste épisode suivant dont elle avait été témoin oculaire :

« Entre dix et onze heures du soir du 27 août 1879 (c'était mon tour de la veiller), Sœur Marie de Jésus, toujours aimable et prévenante m'offre un bonbon, en prend elle-même un et me dit : « Reposez-vous, nous allons dormir. » Mais elle étouffait terriblement ; alors on commença à prier : *In te Cor Jesu speravi, non confundar in æternum*, sans interruption, un millier de fois, peut-être. Tout à coup, elle interrompit la prière et dit : « Je meurs ! il faut que je meure !... Je continuai de prier : *In Te Cor Jesu speravi* etc. La Sœur infirmière entrant, dit vivement : « Mais, elle est à l'agonie ! et un instant après elle s'écria :

ce n'est pas *In Te Cor Jesu* qu'il faut dire, mais *De Profundis !...* En effet, notre chère Sœur Marie de Jésus avait rendu sa belle âme à Dieu, sans qu'on s'en fût aperçu.

Alors, la garde-malade l'enleva de son lit et, sans ménagement pour la douleur inénarrable de notre Chère Mère, voulut la coucher sur le plancher, pour procéder plus commodément à l'ensevelissement ; mais notre Chère Mère, prévenant cet acte brutal, attira sa chère petite Sœur dans ses bras et, un genou en terre, la retint sur son cœur jusqu'à ce que la toilette mortuaire fût achevée. Dans cette position on eût cru, paraît-il, voir un groupe de la Mère de Douleurs !

Le lendemain, on l'exposa dans la salle de conférence, mais elle était si belle, si fraîche, les lèvres toutes roses encore, que notre Chère Mère refusait de croire qu'elle avait cessé de vivre.

SŒUR MARIE-RAPHAEL

(première du nom.)

Cette Sœur, bien douée d'ailleurs, fut placée par notre Chère Mère dans notre orphelinat de Saint-Quentin, pour s'y dévouer auprès des enfants. L'œil vigilant de notre Chère Mère s'aperçut bientôt que la Sœur était attachée à son emploi d'une manière trop naturelle. Pour écarter tout de suite un danger et prévenir des suites fâcheuses, elle signifia à la pauvre Sœur d'avoir à remplir désormais une autre fonction dans la Communauté, lui disant qu'elle était remplacée dans sa charge à l'orphelinat.

L'attache était si forte déjà que la malheureuse Sœur, ne se sentant pas la force de faire son sacrifice, écrivit à son frère de venir la chercher à l'expiration de ses vœux annuels, dont le terme approchait [1].

Elle entra cependant en retraite comme les autres Sœurs, avec l'intention de la bien faire. Le Religieux qui la prêchait, parla, dans une des premières instructions, avec une telle véhémence de la sublimité de la vie religieuse et de la noire ingratitude d'une âme infidèle, qu'elle se sentit sur le champ terrassée par la grâce, et demanda sur l'heure à Notre-Seigneur de mourir plutôt que de permettre qu'elle fût assez malheureuse pour abandonner sa vocation, comme elle en avait conçu l'intention. Notre-Seigneur la prit au mot, et ce même soir elle se coucha pour ne plus se relever !

Atteinte du typhus, elle fut forcément isolée et aucune des Sœurs n'eut la permission de la visiter, par crainte de la contagion, excepté celle qui était chargée de lui donner des soins. C'était, répétait souvent Chère Mère, une juste expiation de l'indifférence qu'elle avait témoignée à sa Communauté, en lui préférant des étrangers.

Privée de la parole, elle bégayait sans cesse d'une façon inintelligible en se débattant : « Non !... je ne veux pas partir... laissez-moi ! »

Vers le soir du 14 juin, elle expira, purifiée par l'humiliation et la souffrance.

Le 16, devait avoir lieu la cérémonie des Vœux perpétuels de notre Chère Mère et de Mère Ignace ; comme tout était disposé pour la fête, on ne put la remettre, (toutes les invitations étant faites) et il arriva que, tandis que toutes ses Sœurs étaient réunies dans un même sentiment d'allégresse, la pauvre Sœur reposait loin d'elles, sur son lit

---

1. On tient ces détails du R.P. Rasset, qui était alors son Directeur spirituel et qu'elle pria de révéler à la Communauté, après sa mort, toutes ses luttes intérieures.

Mère Marie du Cœur de Jésus.   14

funèbre, mais tout porte à croire que dans la mort, elle avait trouvé la véritable vie.

Son frère vint, ce même jour de la fête du Sacré-Cœur, 16 juin, pour la chercher, selon qu'elle l'en avait prié ; mais le Cœur de Jésus, si miséricordieux, avait fait son œuvre, il était heureusement trop tard !

SŒUR MARIE-RAPHAEL
(deuxième du nom.)

Notre chère Sœur Marie-Raphaël était la huitième d'une famille de quinze enfants : les cinq aînés devinrent prêtres, missionnaires et religieuses. Notre Catherine fut confiée de bonne heure, par ses pieux parents, à notre Chère Mère, afin qu'elle pût être formée dès l'enfance à l'esprit de sa vocation. Elle passa quelques années dans notre orphelinat de Saint-Quentin, dont elle fut toujours un modèle par sa générosité au travail et son extraordinaire franchise ; à ce point que, quand elle se confessait, elle débitait tous les péchés contenus dans la formule de l'examen de conscience, afin que, disait-elle naïvement plus tard, ne les comprenant pas tous, il ne pût lui en échapper aucun.

En 1901, le 24 octobre, elle fit partie du deuxième groupe de Sœurs qui se rendaient à Abshoven pour la fondation. Le R. P. Blancal (des Prêtres du Cœur de Jésus), qui était alors Aumônier de la Communauté de Saint-Quentin, se trouvant, la veille du départ, au couvent pour y exercer les fonctions de son ministère, notre Chère Mère en profita pour lui amener les voyageuses, afin qu'il les bénît.

Avec la franche simplicité qui la caractérisait, notre Chère Mère les présenta l'une après l'autre. Celle-ci, dit-elle, en présentant Sœur Marie-Aloysi, est bien malade, (elle n'avait plus alors qu'un poumon et avait été administrée quelque temps auparavant). L'air natal pourra la remettre un peu, elle va se rapprocher de sa famille, elle n'en est pas fâchée. Une autre, qui avait des rhumatismes, devait aussi trouver un adoucissement à ses souffrances, avec un changement d'air, dans un autre milieu et un nouvel emploi. La troisième, qui n'avait pas quitté le cloître depuis douze ans, devait remplir la charge d'Assistante ; ce déplacement, pour elle, était une sorte d'agonie, elle ressentait tous les déchirements de la première séparation d'une manière plus sensible encore, car elle ne quittait pas seulement sa famille, mais son pays et sa patrie ! Elle avait le cœur brisé et... pour Chère Mère et pour les siens, elle faisait la forte et dissimulait de son mieux l'amertume de son sacrifice. Restait notre jeune Sœur Marie-Raphaël (Catherine Kandel), elle avait alors vingt-deux ans. Ses grands yeux bleus, fixés sur Chère Mère, elle se disait en elle-même : Que va-t-elle dire de moi ?... Ce que je pense, elle ne le devinera pas et, je ne puis non plus le lui dire, elle me croirait trop extérieure pour une Sœur cloîtrée. Elle pourrait aussi penser que je manque de reconnaissance et que je n'apprécie pas la faveur de vivre à ses côtés, dans la chère Maison-Mère. Notre Chère Mère la regardant avec un bon sourire : « Ah ! dit-elle, pour celle-ci c'est le vrai bonheur ! songez donc, elle va voir du nouveau !... La bonne Sœur était peinte au vif, elle n'en revenait pas de voir ses sentiments intimes étalés au grand jour. Quand elle racontait le fait, elle ne tarissait pas sur la perspicacité de notre Chère Mère : « Mais comment a-t-elle pu deviner si juste ? c'était si vrai ! je me réjouissais si fort à l'idée de changement. Que voulez-vous, c'était de la nouveauté ! »

et elle riait de ce bon rire mélangé d'ingénuité et de joie
franche qu'on se rappelle si volontiers ; il lui était si habituel.
Il fallait si peu pour la rendre heureuse. En toutes choses
elle voyait toujours le beau côté, toujours d'humeur égale :
sa figure expressive ne s'assombrissait qu'à la mort des
siens, qu'elle aimait tendrement.

Elle passa toute sa vie dans une grande innocence, se
faisant chérir de toutes ses consœurs par l'aménité de son
caractère et son empressement à rendre service. Elle avait
une grande corbeille à ouvrage qui ne se vidait jamais ;
quand elle voyait quelqu'une dans l'embarras, soit qu'elle
ne sût pas tourner un talon de bas, ou qu'elle s'y prît mal
pour mettre une pièce, elle disait d'un air jovial : « Mettez-le
dans ma corbeille ; vous ne savez pas le faire, je vous l'arran-
gerai ».

Les actes de charité séjournaient parfois très longtemps
dans la corbeille ; mais quand ils en sortaient... tous ces
petits travaux de récréation..., parfois bien différents les
uns des autres, étaient soigneusement achevés et rendus
aux Sœurs qui les lui avaient confiés et qui lui en gardaient
une fraternelle reconnaissance.

Elle avait un caractère heureux et avait l'inappréciable
talent de rendre la vie agréable à celles qui l'entouraient.
Elle était chargée de sonner la fin de la récréation, (ce point
de Règle si important pour la jeunesse). Comme elle n'avait
qu'une vingtaine d'années, elle avait à cœur de remplir
scrupuleusement son office ; ne se fiant pas à sa montre,
elle allait consulter l'œil de bœuf appendu dans l'escalier
et revenait joyeusement dire qu'il y avait encore une minute ;
il va sans dire que la précieuse minute était plus qu'écoulée
pendant le parcours.

On n'a pas non plus oublié l'expression de reconnaissance

qui brillait dans son regard, en mangeant un bon fruit, cette joie naïve qui éclairait sa figure quand, regardant les Sœurs, elle disait avec une petite pointe de malice : « O mon Bon Dieu, que vous êtes bon ! »

Elle mourut dans la fleur de la jeunesse, âgée seulement de vingt-sept ans. Elle tenait fortement à la vie, et dès le début de la maladie, qui devait la conduire au tombeau, elle ne voulait pas qu'on lui parlât trop de la mort. Elle avait toujours été généreuse, elle supporta avec un courage qui ne se ralentit pas les terribles souffrances qui l'acheminèrent promptement vers la bienheureuse éternité ! Après la crise suprême, elle s'écria : « Maintenant tout est expié !... »

On l'avait transportée à la maison de Fayet, espérant que l'air pur de la campagne lui rendrait de nouvelles forces. Au dernier moment elle dit à plusieurs reprises à la Supérieure : « Allons-nous en... allons-nous-en... » Mais où voulez-vous donc aller, ma petite Sœur ? lui dit amicalement la Supérieure. « Mais là-haut ! le Bon Jésus m'attend, Il est là !... Je viens, Jésus, je viens ! » Son regard trahissait tant d'admiration, de bonheur et de surprise qu'il semblait vraiment que l'Époux des vierges était là sous ses yeux ; bientôt après elle expira !

Le R. P. Mathias, Supérieur de Saint-Clément, arrivait sur l'instant pour célébrer la sainte Messe. Il avait déjà revêtu l'ornement blanc, selon que le prescrivaient les rubriques ce jour-là. On vint lui annoncer que la jeune Sœur Marie-Raphaël venait de rendre son âme à Dieu ; aussitôt il déposa les vêtements blancs et revêtit l'ornement noir pour célébrer de suite le divin Sacrifice à l'intention de la chère défunte. C'était une délicatesse du Cœur de Jésus pour sa petite sacristine, qui ne s'était jamais ménagée à son divin service. Parfois même, dans l'ardeur de son zèle, étant à Abshoven, elle avait étourdiment franchi le parc et dépassé la clôture pour lui cueillir des fleurs qui émergeaient, éclatantes et variées, de la campagne déserte. Elle l'avait regretté sans doute, mais sûrement expié.

Dans sa dernière maladie elle répétait souvent ce cri du cœur : « O mon Jésus, que vous êtes bon pour moi ! Jésus ! Jésus ! »

SŒUR MARIE DE LA CROIX

Notre chère Sœur Marie de la Croix était la Sœur aveugle reçue à la Providence de Soignies, à cause de son infirmité, avec notre Chère Mère Fondatrice ; son état de souffrance demandant des ménagements et des attentions que le Collège n'était pas alors en mesure de lui offrir.

Née dans l'arrondissement de Reims, d'une famille presque indigente, elle sentit de bonne heure les morsures de la pauvreté, et ne trouva pas, dans une éducation trop austère, les douceurs et les caresses maternelles qui sont indispensables au développement de l'enfant.

Privée de bonne heure de ses parents, elle dut chercher trop tôt les moyens de subvenir à sa frêle existence. Dieu, qui la voulait à Lui, ne lui ménagea pas les croix. La souffrance fut son partage et de longues et douloureuses maladies lui laissèrent pour toujours leur empreinte pénible !

Elle traversa les années cruelles de 70-71 ! Elle connut toutes les terreurs de la guerre, avec ses bombardements et ses surprises émouvantes, la vie de mort dans les caves ne lui fut pas épargnée.

De ses précoces maladies elle conserva un asthme, elle

vécut de longues années avec un seul poumon et contracta
aussi une maladie de cœur. La souffrance était sa compagne
assidue et fidèle !

Après s'être placée dans différentes familles, où partout
elle laissa le souvenir d'une moralité intègre et d'une
piété austère, elle vint se fixer à Saint-Quentin, chez une
pieuse demoiselle, qui la regardait plutôt comme sa sœur
que comme sa servante : c'est là que l'attendait le Cœur de
Jésus pour l'attirer dans la Congrégation.

Aussitôt après l'émission de ses premiers Vœux, elle
s'occupa activement des œuvres de la paroisse Saint-Martin.
Elle créa la persévérance des jeunes filles, dans une vaste
salle que notre Chère Mère fit bâtir à cet effet. (Cette salle,
que la guerre avait assez épargnée, servit au culte de la
paroisse, jusqu'à ce que l'église Saint-Martin fût suffisamment restaurée pour recevoir les fidèles.)

Grâce à sa piété profonde, elle savait entretenir nos per-
sévérantes dans la ferveur. Elle avait mille industries pour
les attirer et les retenir loin d'un monde pervers. Elle avait
une belle intelligence qu'elle avait elle-même cultivée.
Ayant le talent d'utiliser son temps, elle était parvenue
à se donner une certaine instruction. Elle avait fait nombre
de pèlerinages ; aussi, quand elle commençait à parler de
Lourdes ou de la Salette, on se figurait assister aux différentes scènes qu'elle racontait, elle tenait tout son petit
monde sous le charme, car elle possédait à un rare degré
le talent d'intéresser.

Elle faisait aussi le catéchisme aux enfants du quartier
dont, à l'occasion, elle soignait les parents. Elle faisait réha-
biliter les familles ; faisait baptiser les enfants (petits et
grands). Elle était d'une modestie peu ordinaire, qui semblait ne pas devoir s'harmoniser avec la vie si active qu'elle

menait. On la voyait toujours traversant le faubourg, les yeux baissés et les mains soigneusement cachées dans ses larges manches. Elle allait par les rues, disant son chapelet, afin d'attirer les bénédictions du ciel sur ses œuvres. Elle rentrait volontiers dans la Communauté pour se renouveler dans la vie intérieure, qu'elle cultivait soigneusement, malgré la multiplicité et la diversité de ses occupations.

On ne saurait exprimer le respect qu'elle avait pour les Supérieures : elle se tenait si humblement devant elles, quand elles lui adressaient la parole, qu'on voyait que le sentiment de son néant était en elle sincère et profond.

Avec sa longue expérience de la vie, elle trouvait facilement le bon mot pour chacune et, dans les suprêmes douleurs de l'évacuation et de l'exil, elle s'ingéniait, malgré sa cécité, à se servir seule, quand elle y parvenait, et à occasionner le moins de dérangement possible ; surtout à la Providence, où tous les soins convergeaient à prolonger les derniers jours de la Mère Fondatrice.

Quelques jours après la mort de notre Chère Mère, son Assistante, sa garde-malade et notre chère Sœur Marie de la Croix (Laurence Peltier) vinrent se réunir à la Communauté, réfugiée au Collège Saint-Vincent : c'était le 27 mars.

Notre chère Sœur Marie de la Croix était alors plus malade, elle s'était refroidie dans les longues stations qu'elle faisait à la chapelle de la Providence. Comme le parloir servait de salle de réunion pendant le jour, elle craignait de gêner ; alors, aussitôt qu'elle avait déjeuné, elle se faisait guider par une des bonnes Sœurs de la maison et restait à la chapelle jusqu'à ce qu'on vint la chercher pour le dîner. C'est ainsi que vint s'ajouter à son asthme cette bronchite aiguë qui accéléra son départ pour l'éternité !

L'abandon le plus complet, en tout et pour tout, fut la caractéristique de toute sa vie, mais ses derniers moments, avec les cruelles souffrances qu'elle endurait, portaient le cachet du plus calme et constant acquiescement aux vouloirs divins. On se disait avec admiration : Qu'elle est édifiante !

Elle attendait le moindre service avec une douce résignation et sa patience dans les divers contretemps d'une mort à l'étranger ne se démentit pas un seul instant. Il est à remarquer qu'étant venue comme aveugle dans un immeuble qu'elle ne connaissait pas, elle ne pouvait s'aider d'aucune façon.

Vers le 15 avril au matin, elle entra comme notre digne Mère Fondatrice dans le coma. Cela nous fut d'autant plus sensible que nous en connaissions l'issue : il n'y avait pas un mois que nous en avions fait l'expérience ! Dès lors, nous ne pensâmes plus qu'à la soutenir de nos dernières prières, en attendant l'heure de son heureuse délivrance. Nous voulions voir comment se terminerait cette vie si édifiante et nous nous empressions de nous rendre auprès d'elle au moindre loisir. Vers deux heures, nous nous rendîmes aux Vêpres ; nous achevions les Complies quand on vint nous avertir que notre chère Sœur touchait à sa fin ; alors nous nous rendîmes en hâte près de la chère mourante, mais nous ne pûmes remarquer au juste l'instant où elle avait quitté cette triste terre ; la garde-malade s'en aperçut par les preuves que lui en fournissait sa longue expérience.

SŒUR MARIE-HENRIETTE

Nous avons dit plus haut que les orphelins de l'Hôtel-Dieu de Saint-Quentin défilaient en tête à son enterrement.

Ces infortunés versaient des larmes sur celle qui, malgré sa jeunesse, leur avait jadis servi de mère !

Après s'être fatiguée outre mesure pour obtenir son diplôme d'infirmière, on lui avait confié la direction des nombreuses œuvres de cet établissement. Alors elle put se dépenser sans compter, allant du cabanon du fou à la salle des fiévreux et des tuberculeux. Elle eut vite achevé de réduire sa frêle existence.

Son tempérament méridional (elle était de l'île de Corse) ajoutait comme naturellement à sa ferveur. Elle se trouvait toujours bien au-dessous de ses aspirations enflammées. Le continuel souci de ses Supérieures fut toujours de modérer ses ardents désirs et on eut, jusqu'à la fin, grand peine à la contenir dans un juste milieu.

Toujours encline à l'immolation, elle s'offrit en victime et eût voulu assumer sur elle toutes les expiations provoquées par les crimes des pécheurs !

COUVENT DE PÉPINVILLE

La maison de Pépinville, actuellement Maison-Mère, par suite des événements de la guerre, fut fondée en 1892.

Pépinville est un ancien château, tout l'indique : l'allée qui y conduit, la cour d'entrée où l'on voit, en face, bien apparente, la maison de l'Aumônier, à droite le château

PÉPINVILLE (Maison-Mère). — A droite, la Chapelle.

qu'habitent les religieuses et, à gauche, le bâtiment nouveau, destiné aux orphelines.

La chapelle du château étant insuffisante pour contenir les enfants dont le nombre allait croissant, on dut l'agrandir en 1898 et Monsieur l'Abbé Chatelain surveilla les travaux avec un dévoûment infatigable. Un vitrail de la chapelle rappelle, avec ses traits, son bienfaisant souvenir [1].

Dès le début, on ajouta l'Œuvre des prêtres infirmes ou malades, c'est pourquoi on peut remarquer, dans le cimetière de la Communauté, un côté réservé à plusieurs ecclésiastiques, entre autres : Monsieur l'Abbé Debuzy, ancien professeur de Montigny, qui légua sa bibliothèque au petit séminaire, Monsieur l'Abbé Hall, qui publia un délicieux petit livre sur le Sacré-Cœur et dont voici la *dédicace* :

A ma Révérende et Chère Mère, Marie du Cœur de Jésus, Fondatrice et Supérieure Générale de la Congrégation des Servantes du Cœur de Jésus, de Saint-Quentin.

Ma Révérende et Chère Mère,

La Congrégation que Dieu vous a inspiré de fonder, et sur laquelle il répand visiblement ses bénédictions, ayant pour but principal l'Adoration du Cœur de Jésus dans la Sainte Eucharistie, je suis heureux de vous faire hommage du présent écrit, qui traite de cette belle et salutaire dévotion. Daigne le divin Sauveur le bénir et lui donner

1. Monsieur l'Abbé Chatelain, Curé de Richemont de 1894 à 1899, fut ensuite nommé à la cure de Montigny. Emmené en captivité pendant la terrible guerre, il en revint affaibli et défait, portant les traces de la maladie qui devait sitôt le ravir à son troupeau. Il mourut le 9 janvier 1922. Quelques jours à peine avant sa mort il fut créé Chevalier de la Légion d'Honneur. Il fit lui-même bâtir une église à Montigny, splendide monument qui rappelle à tous la mémoire de sa tendre piété et de son zèle à toute épreuve !

d'être utile à vos filles, ainsi qu'à tous ceux qui voudront s'en servir !

A cette occasion, permettez-moi, ma bonne Mère, de vous féliciter, et avec vous la Congrégation tout entière, au sujet de la récente approbation donnée par l'Église à votre Institut. C'est là une précieuse indication pour les âmes que le bon Maître appelle à son service spécial par la pratique de la dévotion à son Sacré-Cœur. Elles sont assurées de trouver chez vous le véritable esprit de cette dévotion et les secours spirituels dont elles ont besoin pour être fidèles à la grâce de leur vocation.

Veuillez, ma Révérende et Chère Mère, agréer l'hommage de mon profond respect en Notre-Seigneur.

Pépinville, le 25 mars 1909,

TABLE DES GRAVURES

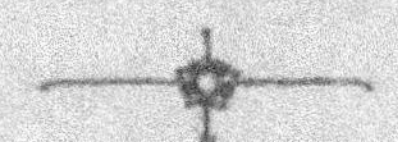

TABLE DES MATIÈRES

APPENDICE

Impr. Desclée, De Brouwer et Cie, 41, rue de Metz, Lille. — 4.871